SI JE SAVAIS…

Honoré LOANGO

SI JE SAVAIS…

Roman épistolaire

Éditions de l'Érablière

DU MÊME AUTEUR
Aux Éditions de l'Érablière
-LE MARIAGE S'APPREND, Manuel de préparation dans une perspective chrétienne, Québec, Canada, 2015,

Dépôt 2016
Bibliothèque et Archives nationales du Québec
Bibliothèque et Archives Canada
©Editions de l'Érablière
C.P. 8886, succ. Centre-ville
Québec, Canada (H3C 3P8)
Droits de traduction et de reproduction réservés pour tous les pays.
Toute reproduction, même partielle, de cet ouvrage est interdite
ISBN 978-2-9814910-5-3

Photo de couverture
© Medy Mavungu, bedy-bs (www.bedy-bs.com)

« Mieux vaut vous débarrasser du problème et garder votre conjoint que vous débarrasser de votre conjoint et garder le problème. »

Gary Neuman, conseiller matrimonial agréé et psychothérapeute

REMERCIEMENTS DE L'AUTEUR

Sans l'inestimable concours de nombreuses personnes, ce livre n'aurait pu vous être rendu sous cette forme.

Ainsi, nous ne cesserons de rendre hommage à nos parents, notre défunt père Bernard LOANGO BOELUA et notre mère Marie-Louise LOANGO ASSIMBO, qui nous ont servi de modèle de vie de couple et qui, contre vents et marées, par la grâce de Dieu, ont tenu bon dans leur mariage.

Nous tenons aussi à adresser nos plus vifs remerciements à celle que nous appelons l'os de nos os et la chair de notre chair, Madame Julie LOANGO IYALA, pour son soutien sans faille tout au long de l'écriture de ce livre. Nous lui témoignons ici toute notre reconnaissance.

Nous remercions sincèrement notre aîné Étienne BAGBENI ADEITO BASOME qui fut lié d'une amitié sincère à notre défunt frère Jeannot LOANGO BOELUA BOTULI et que le temps a fait de lui un de nos amis. Il est ensuite passé d'ami au confident et a su, par son expérience, sa sagesse et ses encouragements, nous orienter et enrichir nos idées.

Nous ne saurons oublier la précieuse collaboration et l'apport considérable de notre amie Denia BOUDJEMA de Lyon en France ; cela a beaucoup contribué à l'enrichissement de la partie principale de ce livre par rapport à son expérience.

Nous avons toujours beaucoup de gratitude envers notre charmante nièce Mimi ELONGO qui accepte toujours avec enthousiasme de relire et de corriger notre manuscrit ; mais aussi à Monsieur Parole LP. MBENGAMA, collègue écrivain congolais, qui a bien accepté de retravailler ce texte en vue de lui donner sa mouture définitive ; sans oublier notre neveu Christian LOANGO LOMBOTO et sa charmante femme

Laurianne LOANGO qui nous ont apporté leurs encouragements. Que tous retrouvent à travers ses lignes l'expression de notre sincère gratitude.

Aux Maîtres Hubert TSHIKAYA MBOMBO et Jerry MBEMBA ZOGONO, tous Avocats au Barreau de Kinshasa Matete dont les compétences en matière de Droit ne sont plus à démontrer. Nous avons trouvé auprès d'eux l'aide utile au travers de leurs avis avisés et pour l'orientation dans la partie juridique de ce livre.

À Madame Sylvie TSHIAMA TSHISUAKA et à Monsieur Jeff MPOYI TSHIBUTULA, nous traduisons nos remerciements pour leur générosité rarissime en notre personne.

Nous ne pourrons terminer sans avoir ici une pensée de reconnaissance pour Monsieur Camille ELONGO LWANYA dont le soutien à tout point de vue n'a cessé de nous surprendre et de nous émerveiller. Qu'il soit remercié pour tous ses bienfaits en notre faveur.

Enfin nous sommes encore plus que reconnaissants aux Éditions « L'Érablière » du Canada, notamment à Monsieur Magloire MPEMBI pour sa franche collaboration.

Honoré LOANGO BOELUA BAENDAFE.

Sauf indication contraire, les citations sont tirées respectivement de la Bible version Louis Segond, édition révisée de 1910, « La Bible, Esprit et Vie » et la Loi N° 87-010 du 1er août 1987 portant Code de la famille de la République démocratique du Congo.

Les personnages et les situations de ce roman étant purement fictifs, toute ressemblance avec des personnes ou des situations existantes ou ayant existé ne serait que pure coïncidence.

INTRODUCTION

Jules Renard, écrivain français du XIXe siècle, avait écrit dans son journal : « Si l'on bâtissait la maison du bonheur, la plus grande pièce serait la salle d'attente ». Et si la comparaison pouvait être appliquée, l'être humain ne serait qu'un enfant gâté qui réclame instamment un objet tenu hors de sa portée. Mais curieusement lorsqu'on le lui donne enfin, il s'en lasse au bout d'une minute, l'écrase par terre, et se met à en exiger le contraire.

Le mariage s'inscrit dans le cercle restreint des rêves les plus caressés de la vie. Il suffit d'examiner les sujets de prière dans nos églises pour s'en rendre compte. Mais lorsque ce trésor inestimable nous est finalement servi dans un plateau d'or, des philosophies révisionnistes nous prennent la tête, et on ne ressent plus que l'envie de descendre du piédestal. Autant on n'aurait ménagé aucun effort pour se faire passer la bague au doigt, autant on multipliera les critiques à l'encontre de son conjoint et se forgera des alibis qui octroient le droit de l'enlever. Ce bonheur qu'on avait attendu avec impatience dans cette salle d'attente qu'on appelle fiançailles ne sera plus regardé que comme un démon qu'il faudra à tout prix exorciser.

Ce livre, ou mieux cette série de correspondances, qui fait suite au précédent intitulé « Le mariage s'apprend », tient lieu de service après-vente. Pourquoi service après-vente ? C'est parce qu'après avoir préparé les célibataires à s'engager dans la vie de couple, il s'avère important de les aider à résister aux secousses qui surviennent dans cette institution qui, de nos jours, compte parmi les plus instables au monde. C'est aussi grâce à cette série de réflexions, de problèmes et de réalités que nous vivons et constatons dans les couples que nous essayerons d'apprendre par l'exemple, en vue de sauver ces mariages qui seraient déjà engagés dans une pente dangereuse.

En effet, avec la modernité, la mondialisation et le brassage des cultures, les ruptures sont devenues monnaie courante. Il suffit de jeter un regard autour de nous, de compter le nombre de ces couples qui finissent devant les juges dans un processus de divorce, pour comprendre combien le mariage est devenu une espèce en danger, si pas carrément en voie de disparition, et ce, pour moult raisons.

En tout état de cause, les acteurs de ce chambardement sont les partenaires mêmes de cette union. C'est l'homme et la femme, d'un commun accord ou chacun de leur propre initiative, qui décident d'en finir une fois pour toutes. On croit que c'est la solution qu'il fallait, la réparation d'une erreur qui allait pourrir toute la vie, et on se sent soulagé dès que le juge aura rendu son verdict. Pourtant en réalité, c'est la femme qui en sort perdante, et les enfants en deviennent des victimes. Perdante, car, comme son ex-mari, elle devra reprendre sa vie à zéro. Mais la différence est que le physique en pâtit, puisqu'après avoir fait des enfants, son organisme ne reste plus le même. Ce qui n'est pas forcément le cas de l'homme dont la paternité n'entraine aucun changement corporel. Il y en a même qui rajeunissent et deviennent plus attirants au fil des ans, surtout lorsqu'ils vivent à l'abri du besoin.

Ainsi, au vu de ce constat malheureux, il se dégage que :

— Bon nombre de mariages se disloquent non pas à cause de l'adultère, mais à cause des choses que nous qualifierons de minimes. Cependant lorsqu'on les néglige, estimant que le pari étant gagné parce que l'on consomme déjà le mariage, ces petits obstacles risqueront d'entrainer des conséquences irréversibles ;

— Certaines femmes sont facilement influençables et influencées d'une manière négative, non seulement par leurs amies, mais très souvent par leurs propres familles ; ce qui les conduit parfois à prendre des décisions irréfléchies, des décisions qu'elles regretteront plus tard, alors qu'elles pouvaient patienter et avoir un grand cœur doublé de sagesse ;

— La modernité conduit bien des femmes à penser qu'elles sont égales aux hommes ; ce qui est contraire à la loi divine, car il n'y a qu'un seul chef, ou mieux un conducteur, au sein du foyer, et que la femme joue le grand rôle d'aide semblable et de soutien incontournable pour son mari en particulier, et son foyer en général.

Ce roman épistolaire que nous avons l'honneur de vous présenter s'avère être, comme nous l'avons mentionné plus haut, une exhortation par des exemples. À travers une série de correspondances entre Bernadette Eyenga, divorcée de Guy-Patrick Bundu, et Marie-Louise Mosealé, mariée à Serge-Emmanuel Tikangu, qui vit à des milliers de kilomètres ; vous découvrirez les impressions de ces deux femmes qui abordent le même sujet : le mariage, tout en vivant deux situations contraires : l'une étant divorcée alors que l'autre continue sa vie de couple. Nous espérons que chacun tirera les leçons nécessaires à travers cette expérience.

Entre temps, notre vœu le plus ardent est que le présent ouvrage vous aide à résister aux différentes pressions et tentations qui assaillent la vie des mariés et qu'il vous montre non seulement comment vous conduire, mais aussi comment prendre des décisions judicieuses pour votre futur.

Que Dieu vous bénisse !

CHAPITRE 1. LES RETROUVAILLES

Matadi, le 26 septembre
Très chère Marie-Louise,
Salut !
Avant de commencer, je te salue au nom de la forte amitié qui nous a toujours liées. Me voici employer encore mon stylo pour t'écrire après toutes ces années de silence, des hauts et des bas, juste pour te dire que les choses sont devenues difficiles au point que tu ne saurais imaginer. La distance a fini par nous éloigner et nous sommes restées sans nouvelles l'une de l'autre.

Ce n'est qu'aujourd'hui, pendant que je vadrouillais dans la ville de Matadi, que j'ai rencontré Jean-Médard Nkoy, ce camarade que nous avions connu au collège, et qui m'a fait part de tes nouvelles, m'apprenant que vous vivez dans le même quartier, à Mantes-la-Jolie, dans la banlieue parisienne, depuis plus d'une décennie.

Je suis contente d'apprendre aussi que Serge-Emmanuel Tikangu et toi avez tenu bon, malgré tout ce que je lui reprochais à l'époque, t'accusant même de laxisme. Quelle bonne nouvelle qu'il se soit converti et serve Dieu dans une église en France, comme le confirme Jean-Médard ! Franchement, cela me fait chaud au cœur d'apprendre toutes ces merveilles de votre part. Tu es chanceuse d'être gratifiée d'un tel miracle.

Pour ce qui me concerne, tout semble compliqué à ce jour, et avec le recul, je me reproche bien des choses ; considérant que ce ne sont pas les conseils qui avaient fait défaut. J'en avais même reçu en quantités astronomiques, prodigués par mes proches et que j'avais suivis par moments, des exhortations dignes d'enseignements des conseillers conjugaux… Mais à cette époque, je n'en faisais qu'à ma tête, et j'avais tout négligé.

Pourtant la vie est une sorte de professeur qui vous retourne votre copie d'examen avec la mention « à corriger », sans parfois vous donner l'occasion de la lui rendre, aujourd'hui je constate que tout ce que j'avais négligé et sous-estimé ne m'a pas seulement rattrapée, mais m'a surtout détruite, et mon foyer avec.

En effet, comme tu le sais, Guy-Patrick Bundu et moi avons fait connaissance au Collège de Matadi, lorsque nous étions en cinquième des Humanités commerciales et administratives, juste quelque temps après que son père venait d'y être muté.

Nul besoin de te rappeler que cet homme, comme tu le sais et l'avais toi-même constaté, était un garçon plein de bonnes manières, patient et avec un grand cœur. Je t'avoue qu'il l'est toujours resté.

L'école secondaire était finie, nos diplômes d'État en poche, nous nous retrouverons, lui et moi, à l'Université, dans la faculté des Sciences économiques. Et là, comme à son habitude, il n'avait cessé d'épater le monde estudiantin en faisant chaque année d'une pierre deux coups. Donc il passait toujours en première session, et c'était chaque fois avec distinction. Cela avait retenu l'attention de tous : nos camarades, le corps professoral, les autorités académiques…

Malgré ses prouesses sur le plan académique, il restait égal à lui-même. C'est à dire toujours de bon cœur simple et humble. Et en revanche, malgré mes dérapages à l'Université, j'avoue avoir connu une aventure avec une autorité académique, il m'avait pardonné, quoique n'ayant même pas appris cette liaison de ma propre bouche, mais des autres camarades. Une faute avouée est à moitié pardonnée, dit-on ; cependant je n'avais rien avoué, car ayant formellement nié une telle relation, mais il m'avait totalement pardonné. Pas en partie, comme dit le principe, mais il avait passé l'éponge sur toute la faute. À chaque fois que j'y pense, je me sens glacée de honte, et cette aventure… non je dirai mésaventure, me revient souvent dans la tête.

Jusqu'à ce jour, je n'ai jamais compris pourquoi je m'étais liée à cette autorité académique qui avait pratiquement l'âge de ma mère. On dit souvent que les filles ne se donnent à des hommes, surtout les riches, que pour des motivations financières ; pourtant je n'avais aucun problème d'argent, moins encore celui des habits ou autres accessoires. Je ne manquais de rien, car, comme tu le savais, mon père qui était une autorité de la ville à cette époque-là pourvoyait à tous mes besoins dans la matière.

Aujourd'hui, avec du recul, je réalise non seulement que la situation financière de mes parents m'avait fait perdre la tête, elle avait également attiré bon nombre de jeunes garçons autour de moi, pas pour ce que j'étais, mais pour ce que je possédais. Je réalise également que certaines jeunes filles, lorsqu'elles ne sont pas bien encadrées ou orientées, se laissent facilement influencer, se trompent énormément, pour ne regretter que lorsqu'il devient trop tard.

Mon passage à l'Université a failli me faire perdre la tête, ma chère Marie-Louise. Ce n'est pas seulement à cause de cette autorité académique, mais aussi à cause d'autres relations, en réalité deux, que j'ai pu tisser avec deux autres camarades. Quand j'y repense, je n'en reviens toujours pas, car ceux-là n'avaient rien de spécial, mais j'aimais « sortir accompagnée », vu que les week-ends étaient très mouvementés, avec des sorties en boite de nuit et les concerts.

Guy-Patrick, quant à lui, n'était pas adepte de cette belle ambiance de nuit. Ce n'était vraiment pas son fort. Il était plutôt du genre église, lecture et télé… Et cela depuis le collège. Cependant avec un goût très prononcé de le cocufier, je prenais toujours les dispositions nécessaires afin qu'il ne fût au courant d'aucune de mes sorties. Mes balades avec les camarades de l'université se faisaient dans le grand secret qu'il ne se doutait de rien.

Toutefois, comme on dit souvent que le voleur finit toujours par être attrapé, ce jeu de cache-cache sera mis à nu un jour lorsque, par inadvertance, un de mes camarades m'avait demandé un lundi devant Guy-Patrick : « À quelle heure avais-tu quitté la boite de nuit hier, hein ? »

J'étais cuite ! Comme une voleuse attrapée la main dans le sac, j'étais pâle d'embarras. Mais avec son calme légendaire, Guy-Patrick m'avait simplement demandé ce qu'il en était. Et pour moi, c'était comme s'il me mettait au pied du mur que je ne pouvais rien d'autre que lui dire la vérité. Cela avait fait des dégâts, j'étais sur le point de le perdre. N'eût été l'intervention de certains camarades ayant entamé quelques médiations en plaidant ma cause, notre relation aurait vécu dès ce jour-là.

Franchement l'Université n'a pas été une bonne chose pour moi. C'était un passage trouble, avec beaucoup de moments de turbulence. Comme à ce niveau il n'y avait pas de directeur de discipline qui puisse convoquer tes parents, je me permettais bien des folies comme : sécher les cours, consommer des boissons alcoolisées aux heures libres, fumer des cigarettes… Bref, faire tout ce qui me passait par la tête, sans crainte, sans honte, sans devoir de me justifier à qui que ce soit. C'était donc une liberté totale. Je dirai que c'était du libertinage.

Libertinage, eh bien c'est le nom de ce démon qui avait pris le contrôle de ma vie, car ce passage biblique qui atteste que tout est permis, mais tout n'est pas utile, je m'en fichais éperdument.

Par ailleurs, la formation que j'ai eue durant mon parcours, allant du primaire, en passant par le secondaire jusqu'aux humanités, me permettait de m'en sortir avec un pourcentage au-dessus de la moyenne. Même sans être obligée de réviser les matières, il suffisait d'assister aux cours pour que tout marche comme sur des roulettes. Et par conséquent, je n'obtenais que des moyennes nécessaires pour passer de niveaux, alors que je pouvais faire plus si je me concentrais sur mes études.

Quoi qu'il en soit, ces déboires à l'université ne nous ont pas empêchés de terminer nos études. Guy-Patrick, comme d'habitude, a terminé en première session avec la mention « Grande Distinction » et a, de ce fait, été retenu comme Assistant de notre éminent professeur d'économétrie. En d'autres termes, mon cher petit ami avait déjà un emploi au sortir de l'Université. Même si le salaire n'était pas vraiment pas intéressant, il l'acceptera avec élégance et joie, car la science était sa réelle passion.

Autre compensation, cela avait été une aubaine pour lui, car deux ans avant de décrocher sa licence, il avait perdu inopinément son père. Cela s'était passé au cours d'un matin ensoleillé. Alors que le ciel était bien dégagé, Guy-Patrick se préparait pour aller en stage. Et comme à l'accoutumée, il devait toquer à la porte de son père encore endormi et le réveiller, dans le but d'avoir des sous pour payer son transport. Malheureusement après plusieurs tentatives, son père ne répondait toujours pas ; ce qui devenait inquiétant. Oui, c'était trop inquiétant, vu que son père, depuis le décès de sa chère épouse, la mère de mon cher Guy-Patrick, avait pris l'habitude d'être matinal, en vue de s'assurer que tout était en ordre avant de quitter la maison. Curieusement, ce matin-là, il ne réagissait pas.

Le pauvre garçon était alors obligé de défoncer la porte, et à sa grande surprise, son regretté papa ne respirait plus. Il appellera aussitôt à l'aide et un voisin lui prêtera main-forte en vue de l'acheminer vers l'hôpital le plus proche. Malheureusement c'était trop tard.

Cette douloureuse disparition l'avait non seulement fragilisé. Elle lui avait en plus compliqué aussi bien des choses, à commencer par le financement de ses études. J'étais donc obligée de l'aider à les payer avec mes petites économies. Pourtant cela ne l'enchantait pas, car il était du genre débrouillard et voulait s'en sortir tout seul ; mais hélas ! Les choses ne marchaient pas souvent comme il le souhaitait. Ce qui me donnait l'occasion de le soutenir malgré ses réticences.

Pas la peine de cacher que je lisais l'embarras sur son visage. Il était frustré de ne pouvoir résoudre ses propres problèmes et se faire aider par sa copine. Sûrement qu'il se voyait dans la peau d'un « Mario » ou « Gigolo » (en d'autres termes) et cherchait à tout prix à l'éviter, mais je ne le traitais pas comme tel.

Des fois, nous partagions un seul syllabus, le temps pour lui d'avoir les moyens nécessaires pour s'en procurer un de personnel. Et comme il était intelligent, il lui suffisait d'assister aux cours pour que toute la matière soit enregistrée dans sa tête. Son cerveau, à mon sens, était comme la mémoire centrale d'un ordinateur de la dernière génération, un pentium dernier cri. Le syllabus ne lui servait finalement que de support qu'il parcourait en quelques minutes, et le tour était joué !

Bref, je garde encore de bons souvenirs de Guy-Patrick ! J'ai été prolixe dans cette lettre, mais comprends que je voulais vider tout mon sac. Cependant je n'ai pas pu y arriver, compte tenu de l'étendue de mon histoire. Ce n'était que la partie visible de l'iceberg. Le plus dur te sera relaté prochainement, si tu le veux bien. Et je serais très heureuse que tu me répondes pour me donner de tes nouvelles. S'il te plait, rends-moi ce grand service de m'écrire, car cela me sera d'un grand réconfort pour mon moral qui n'est pas du tout au top. Tu peux utiliser l'adresse de mon courriel reprise au dos de la lettre, afin que nous soyons en contact et en temps réel.

Bien des bonnes choses et à la prochaine !

Avec mon meilleur souvenir.

Bernadette Eyenga

Lettre 2. De Marie-Louise

Mantes-la-Jolie, le 3 octobre
À ma bien — aimée Bernadette
Bonjour !
Tu ne pourras imaginer la joie qui déborde en moi recevant ta lettre ce matin. Et à propos, je suis à la fois heureuse et affligée. Heureuse de capter enfin un signe de vie de ta part, car toutes ces années, je n'ai jamais cessé de penser à toi, malheureusement je ne savais comment te joindre. Même le mois passé, j'avais pensé à toi et j'en ai même parlé à Serge-Emmanuel, mon cher mari. Il peut en témoigner. D'autre part, je suis affligée à cause de son contenu. C'est vraiment triste que la conclusion de ta lettre me laisse perplexe, avec des interrogations qui méritent des précisions et des réponses claires.

C'est vrai, ça fait bien longtemps qu'on s'est séparé. Ça remonte à mon voyage à Kinshasa, à la suite de mon mariage avec Serge-Emmanuel, et ce, quelques mois après l'obtention de mon diplôme d'État. Comme Jean-Médard Nkoy te l'a dit, nous nous sommes installés à Mantes-la-Jolie, dans la banlieue parisienne en France.

En effet, Serge-Emmanuel avait décidé de quitter le pays juste deux ans après notre mariage. Selon lui, son avenir ne pouvait y être florissant. Et comme tu peux l'imaginer, ce n'était pas facile d'accepter cette décision. En dehors du fait que nous étions encore locataires, il fallait que mon bébé, à peine âgé d'un mois, et moi-même allions vivre chez mes parents. Heureusement que ces derniers avaient été mutés à Kinshasa, une année après mon mariage. Il s'agissait bien sûr d'une décision provisoire, en attendant que Serge-Emmanuel y voie clair.

Mes parents avaient traité mon mari de tous les noms d'oiseaux. D'ailleurs, tu en étais témoin, car toi aussi, tu ne cessais de me taquiner, en faisant référence à sa consommation exagérée des boissons alcoolisées. Cependant j'avais tenu bon contre vents et marées. Et je te dis, ma chère amie, que ce n'était pas du tout facile.

Serge-Emmanuel est parti en Suisse où il ne connaissait personne. Il y passera deux ans avant de la quitter pour la France, car sa situation administrative ne lui permettait plus d'y rester. Et pendant tout ce temps, il ne pouvait faire grand-chose pour nous qui étions restées à Kinshasa. Ce sont mes parents et mes frères qui m'avaient prise en charge, en tout et pour tout. Et je ne cesserai de rendre grâce à Dieu pour la famille qu'il m'a donnée, une famille digne de ce nom, celle qui ne cessait de se soucier de moi en dépit du fait qu'elle critiquait mon mari, estimant que celui-ci fuyait spectaculairement ses responsabilités.

Comme tu le sais, Serge-Emmanuel ayant développé une forte addiction à l'alcool avant son départ, mon inquiétude, ma peur était de le voir devenir de plus en plus dépendant de cette substance. C'est ainsi que je m'étais décidée à aller fréquemment à l'église, à la recherche de ma paix intérieure, mais aussi pour l'avenir de mon cher mari.

Bernadette, ma bien-aimée, j'ai plusieurs témoignages attestant que ceux qui comptent sur Dieu ne sont jamais confus. Serge-Emmanuel a fui la Suisse, car il avait déjà reçu l'ordre de quitter le pays, mais il s'entêtait. Il avait fallu que Dieu me révèle que la police planifiait une descente surprise dans sa résidence pour l'arrêter et l'expulser vers Kinshasa ; et le lendemain aux aurores, en me réveillant, mon premier réflexe avait été de lui faire part de cette révélation.

Vers 9 heures du matin, juste quand il sortira pour aller faire quelques courses, les policiers investiront son domicile. Et c'est son voisin, un Congolais de Brazzaville, qui l'appellera au téléphone pour lui annoncer que la police s'était pointée devant sa porte. Depuis ce jour-là, Serge-Emmanuel ne retournera plus à son domicile. Il a dû tout abandonner pour rejoindre son cousin qui vivait en France.

J'avais béni Dieu, car, comme le malheur arrange quelquefois les choses, ces circonstances malheureuses avaient réussi à déclencher le début de son attachement à notre Seigneur Jésus-Christ. Quand je me rappelle encore comment il en est arrivé là, ça me donne toujours de la chair de poule. Cela s'est passé exactement comme il m'avait été révélé dans le rêve. C'est ainsi qu'il est dit que Dieu nous parle, comme le déclare Sa Sainte Parole.

Et une fois arrivé en France, précisément à Tours, il avait pris conscience de l'existence de Dieu et avait commencé à s'adonner à la vie de prière. Ceci, pour dire que Dieu a plusieurs manières de se révéler à ses enfants bien aimés. C'est dans le tourment que Serge-Emmanuel a recherché Sa présence, car tout était devenu ténébreux dans sa vie.

Bien-aimée, je n'arrêterai pas de remercier le cousin qui l'avait hébergé plus d'une année à Tours afin de l'encadrer et le mettre au pas des réalités de l'Europe. Son cousin ne cessait de m'appeler pour m'encourager et me donner de l'espoir. Je me souviens encore de ces moments, quand il m'appelait et je ne faisais que sangloter, car j'étais moi aussi perdue.

Oui, ma chère Bernadette, des fois, notre foi aussi vacille et nous avons besoin d'être soutenus pour résister aux attaques de l'ennemi. Voilà pourquoi, chère amie, je me consacre à pousser des frères et sœurs à s'engager et à avoir une activité au sein de leur église locale, car elle est un soutien pour nous pendant des temps pénibles.

La Bible dit respectivement : « Portez les fardeaux les uns des autres, et vous accomplirez ainsi la loi de Christ. » (Galates 6.2) ; et ajoute : « Aimez-vous les uns les autres » (Jean 15.17). L'Apôtre Paul nous demande d'exercer l'amour fraternel en nous supportant et nous aidant, ainsi que d'exercer l'hospitalité les uns envers les autres. Je t'encourage donc, chère amie, à t'engager et servir Dieu en ayant une responsabilité dans ton église. Nous pourrons encore développer sur ce point très prochainement.

Mais entre temps, raconte-moi un peu, Bernadette, comment les choses se sont concrètement passées avec Guy-Patrick, car tu ne me l'as pas dit dans ta lettre. Je garde de bons souvenirs de Guy-Patrick. Il est un bon garçon, avec des qualités incontestables, et je trouve vraiment dommage que vous puissiez vous retrouver dans cette situation inconfortable.

Parlant de Guy-Patrick, je retiens ce qui suit de sa personne : c'était quelqu'un qui savait écouter et aider les autres quand ils avaient besoin de lui. Il donnait sincèrement son opinion sur tout ce qu'on pouvait lui poser comme problème. Même quand celle-ci était négative, il le faisait avec amour, en prenant toujours le soin de placer des mots aimables.

Je pense que tu avais ou tu as encore entre tes mains, un homme de bien ; et je n'arrive pas à comprendre cet imbroglio. J'aimerai que tu me racontes en long et en large ta situation afin qu'ensemble, et avec le concours de Serge-Emmanuel, nous puissions voir ce que nous pouvons faire pour que l'harmonie conjugale se rétablisse dans votre couple, car rien n'est impossible à Dieu. Serge-Emmanuel étant en mission en Suède, je ne manquerai pas de lui faire part de tout ce que nous venons d'échanger.

Je te quitte pour l'instant en souhaitant que l'Éternel Dieu te bénisse davantage, qu'il accorde la paix et te fasse du bien !

Affectueusement !

Marie-Louise Mosealé

CHAPITRE 2.   LA GENESE DES CONFLITS

Matadi, le 1er décembre
Très chère Marie-Louise,
Bonjour mon amie !
C'est à peine que je viens de lire ton e-mail. Je reconnais avoir mis du temps, mais cela est dû au fait que j'ai passé plus d'une semaine sans consulter ma boite électronique suite à une panne qu'a connue mon ordinateur portable. Je pense que je serais obligée de configurer mon téléphone portable afin que je sois connectée régulièrement à l'Internet.

Quel parcours de titan pour Serge-Emmanuel ! C'est vrai que rien n'est facile sur cette terre, mais je te félicite pour ta persévérance et ton soutien vis-à-vis de ton cher mari. Chose qui n'était pas le cas pour moi.

En effet, je réalise aussi que même une bénédiction divine se prépare, c'est à dire, il faudrait que la gloire de Dieu te trouve assis ou assise sur sa Parole. Et c'est en connaissance des causes que je le dis.

Juste quelques mois après ma collation de grades comme licenciée en Sciences économiques, j'ai été engagée comme conseillère économique au sein d'une multinationale à Matadi, grâce aux relations de mon père. Mon salaire, à lui seul, représentait le septuple de celui de Guy-Patrick ; et à cela, il fallait ajouter une montagne d'avantages sociaux, tels que des gratifications, des primes de mission, un pécule de congé conséquent, et un bonus à la clôture de l'année comptable. Curieusement, cela ne représentait rien pour mon mari qui, à l'encontre des autres hommes frustrés de voir leurs épouses gagner plus d'argent qu'eux-mêmes, se contentait de son salaire et faisait de son mieux pour être à la hauteur de ses obligations en tant que responsable du foyer.

D'ailleurs, il ne me demandait rien et ne savait même pas quand j'étais payée. Par contre, lui me présentait toujours son salaire et me proposait ses priorités et charges mensuelles, non sans me demander mon avis.

Je me sens couverte de honte, et c'est avec un pincement au cœur que je te raconte tout cela ; puisqu'il m'arrivait des fois, poussée par l'embarras, de lui présenter ma paie du mois, mais il ne disait pas grand-chose. Doté du sens de l'humour, il m'avait même un jour lancé une petite blague en disant : « Ah, je pensais que vous étiez impayés comme cela se passe actuellement, compte tenu de la conjoncture économique ! » Puis après qu'il eut lancé cette phrase pince-sans-rire, il alla prendre son bain pour se préparer à aller au lit, car il faisait tard.

Mon amie, des fois, je me demande pourquoi j'avais un cœur si dur, une attitude aussi égoïste et avide. Et je suis certaine que c'était à cause des collègues femmes que j'ai rencontrées dans le milieu professionnel. Leurs propos, surtout ce qu'elles affirmaient infliger à leurs maris, m'avaient beaucoup influencée au point de m'induire en erreur ; considérant que nombreuses parmi elles disaient haut et fort : « Mon salaire, c'est pour moi et mes parents qui ont payé mes études. Pas du tout pour mon mari qui est obligé de m'en donner, et non l'inverse ».

Entre nous, est-ce que mes parents avaient réellement besoin de mon argent ? Au contraire, ce sont eux qui, bien que me sachant mariée, continuaient à me faire des cadeaux et à m'envoyer même de l'argent de poche. Ces arguments n'avaient donc aucun sens pour mon cas, mais bête que fut, je m'étais laissée influencer par ces idées révoltantes jusqu'à mettre le feu dans ma propre maison. Est-ce pour rien que la Bible martèle : « Les mauvaises compagnies corrompent les bonnes mœurs » ?

Aujourd'hui encore et avec des larmes aux yeux, je réalise la pertinence d'un autre verset qui dit : « Que personne ne vous séduise par de vains discours ; car c'est à cause de ces choses que la colère de Dieu vient sur les fils de la rébellion. » Je pense qu'il est tiré de l'épitre de Paul aux Éphésiens, chapitre cinq versets six, si ma mémoire ne me trahit pas.

Mais le plus grave dans cette histoire a été de constater que j'étais une malheureuse victime d'une duperie, car, bien que mes camarades du travail eussent des langues fourchues, elles n'appliquaient jamais leurs discours dans leurs foyers ; et par conséquent, leurs mariages n'ont jamais connu aucun brouillard.

Ah, comme les femmes sont méchantes ! Mais, voyons les choses d'un autre angle. Que je suis moi-même bête ! Comment pouvais-je avaler littéralement le discours destructeur de mes collègues et l'appliquer chez moi sans jamais vérifier ce qu'il en était dans leurs propres maisons ? C'est comme si elles m'avaient donné une bombe à placer dans ma maison pendant qu'elles plantaient des fleurs chez elles, et j'avais gentiment accepté la proposition. Et je me sens moins que rien en y pensant. Plus idiote qu'une personne qui n'a jamais mis les pieds à l'école. Mais évoluons, car mes déboires ne s'arrêtent pas là.

Un jour sous un ciel nuageux et avec le mercure monté à 31 °C, les agents de la Société Nationale d'Électricité étaient venus interrompre la fourniture en électricité, car nous avions accumulé deux mois de retard de paiement des factures. C'était un samedi matin, et je me souviens qu'on faisait de la grasse matinée. J'étais alors sortie de la chambre sous les appels et insistances de la bonne, et je retrouvai ces deux agents en train d'ouvrir la logette électrique. Malgré que j'avais sollicité leur indulgence, demandant un délai jusqu'à lundi, ces agents sans cœur avaient refusé de m'écouter et nous avaient coupé le courant électrique. Bon après tout, je ne pouvais pas trop leur en vouloir parce qu'ils avaient fait correctement leur travail.

Et entre temps, Guy-Patrick qui dormait paisiblement sera réveillé suite à l'arrêt du climatiseur. C'est ainsi qu'il se lèvera et sortira pour se rendre compte de ce qui se passait.

« Qu'est-ce qui se passe, chérie ? Il y a coupure, et pourtant ce n'est pas notre jour de délestage ! » m'avait-il demandé, l'air très fatigué.

À cette question je pâlis, et d'une voix faible, je lui répondis : « Nos deux factures impayées en sont la cause. Ils viennent de partir et ont suspendu notre fourniture d'électricité. »

« Qu'ont-ils coupé ? L'électricité ? Bernadette !!! répliquera Guy-Patrick. Chérie, si je ne paie pas, c'est moins de douze mille cinq cents francs congolais, ces deux factures. Et quand j'accuse un petit retard pour les payer, ne pourras-tu pas m'aider à le faire ? Ça ne vaut même pas vingt dollars, et au lieu de me couvrir, tu étales mon irresponsabilité sur la place publique ? »

À ces mots, je m'étais sentie vraiment lésée. Et le lundi, j'étais partie sans tambour ni trompette payer ces factures avec des pénalités y afférentes. Néanmoins, rassure-toi que cela avait été fait à contrecœur, car j'avais toujours exclu l'idée d'utiliser mon salaire pour le bien de mon foyer.

Quelle erreur monumentale ! Je le regrette amèrement, parce que Guy-Patrick n'était pas du tout grincheux et faisait que rarement des remarques. Il en porte une part de responsabilité, et j'en profite pour m'adresser à ceux qui voudraient bien m'entendre : il y a des conjoints qui détruisent leurs moitiés. Lorsque tu ne formules aucun reproche à quelqu'un qui est engagé sur une mauvaise pente, tu ne l'aides pas, mais le laisses plutôt descendre dans sa propre tombe. Un bon conjoint est celui qui parle, crie et insiste quand les choses ne marchent pas.

Deux ans après notre mariage, je suis tombée enceinte. Vu que mon travail m'offrait déjà l'opportunité de beaucoup voyager, car, presque chaque mois, j'avais des missions de service, je me suis dit qu'il fallait saisir cette occasion pour accoucher en Europe. Cela assurerait un meilleur avenir à mon bébé qui allait naître.

Donc, à l'annonce de ma grossesse par mon médecin, j'entrepris, mon attestation médicale en mains, des démarches pour ce voyage, sans pour autant en informer mon mari. Ces démarches concernaient mon employeur et le consulat du Royaume de la Belgique. Auprès de mon employeur, il était question de négocier et obtenir premièrement un congé de maternité, c'est-à-dire un congé de quatorze semaines, soit huit semaines antérieures à la délivrance et six semaines après l'acte. Ensuite, il s'agissait de mon congé annuel en cours élargi avec le rattrapage des arriérés que je ne prenais jamais pour cause de mes missions de service importantes. Le tout réuni m'accordait un an, voire plus, de séjour en Europe, et c'est dans ce cadre que j'ai dû négocier avec le numéro un de mon entreprise pour me l'accorder. Ce qui fut fait.

Précisons que cet avantage n'avait rien d'exceptionnel parce que c'était aussi à la mode au sein de mon entreprise où toutes les cadres allaient accoucher soit en Afrique du Sud, soit en Europe ou aux États-Unis. Ça ne dépendait que des moyens que chacune pouvait disposer. Pour mon cas, à ce stade, je ne savais pas encore que je portais des jumelles… Et ce ne sera qu'après l'obtention de mon visa de l'espace Schengen, et spécialement pour le Royaume de Belgique, que je songerai à l'annoncer à Guy-Patrick qui, comme d'habitude, avait acquiescé, même s'il eut du mal à le digérer malgré que je lui aie montré le côté positif de la chose, à savoir : un meilleur suivi de ma grossesse, une intégration future de notre bébé à l'étranger avec ses corollaires, etc.

Aujourd'hui encore, je réalise que le manque de communication au sein d'un foyer est dans la plupart des cas, le reflet d'une mauvaise qualité des relations. Ceci fera que Guy-Patrick eût de moins en moins confiance en moi jusqu'à me soupçonner de bien des choses.

Je ne sais pas si cela relevait d'un envoutement, vu que toutes mes collègues de service étaient au courant de mes démarches alors que mon mari, celui qui se couchait à mes côtés chaque nuit et qui était censé être mon incontournable partenaire, était le dernier sur la terre à l'apprendre.

Mon prochain coup dur était porté quelques jours plus tard, à l'approche de mon départ quand la secrétaire de notre Direction des Ressources humaines, en me remettant les attestions de congé, m'avait dit : « Madame, j'espère que vous voyagerez avec votre mari ou certainement qu'il vous rejoindra avant l'accouchement, car rester seul au pays n'est pas facile pour un homme marié. Avez-vous compris, hein ? »

J'avais simplement souri sans dire le moindre mot, ne me rendant même pas compte que Dieu parle d'une manière ou d'une autre. Et là encore, je n'y avais pas pris garde, car mon plan déjà arrêté ne devait pas changer. Mon mari devait rester au pays, avec sa nièce et notre bonne.

D'autre part, connaissant ses revenus, j'étais consciente qu'il lui serait difficile de réunir des moyens pour me rejoindre en Belgique, à moins que je fasse quelque chose avec mon salaire mensuel qui pouvait acheter de six billets d'avion aller-retour, soit Kinshasa-Bruxelles-Kinshasa ; mais comme ma ligne de conduite m'interdisait d'aider financièrement mon mari, c'était hors de question de lui faire cette faveur. De toute façon, je savais qu'il n'allait jamais « se rabaisser » à me la demander. D'où l'idée de l'aider ne me disait pratiquement rien. C'est comme si c'était un aveuglement, mais c'est exactement ce qui s'était passé. Que Dieu me pardonne pour tout cela !

Finalement le jour du voyage arriva. C'était un samedi soir, et Guy-Patrick m'avait accompagnée jusqu'à Kinshasa en vue de prendre le vol le dimanche dans la soirée à l'aéroport international de ne djilit.

Comme tu le sais, nous étions à Matadi, à plus ou moins 360 kilomètres de la capitale. En effet durant tout le trajet, de Matadi à Kinshasa, Guy-Patrick ne disait mot, à moins que je lui pose une question. J'avais compris combien j'avais blessé et trahi mon mari, l'homme de ma jeunesse, celui que j'avais connu à l'université et qui m'avait supporté en dépit de mes innombrables égarements.

Si j'avais tes coordonnées à l'époque, nous nous serions rencontrées en Europe. Peut-être que si on s'était rencontré en Europe, tu m'aurais ramenée sur le bon chemin. Mais hélas ! Je ne m'étais entourée que des profiteurs pendant ces moments cruciaux. Quand tu es riche et qu'on « roule sur l'or », les hypocrites pullulent autour de toi et ne te disent que ce que tu as envie d'entendre. Rares seront les personnes sincères qui te regardent en face pour te dire que tu dérapes.

À Bruxelles, tout s'était bien passé. C'est là que j'avais la grande surprise de découvrir que la grossesse était gémellaire, et que j'allais accoucher de jumelles. J'avais, bien entendu, laissé la latitude à Guy-Patrick de prénommer les petites ; et il les a appelées Céleste et Princesse.

Comme c'est à Bruxelles que j'avais appris ma grossesse gémellaire, je devais absolument être surveillée de très près par mon médecin obstétricien, car un accouchement très prématuré aurait des implications fatales sur ma santé. C'est qui a fait que j'avais des échographies plus importantes à passer et une prescription de repos pour éviter la prématuration qui touche un grand nombre de naissances.

Guy-Patrick avait, bien sûr, été mis au courant de cette situation, et ça le rendait nerveux, mais la distance n'arrangeait pas les choses, bien que nous nous communiquions au téléphone plus de trois fois par jour. Des fois, j'évitais de lui parler des douleurs que j'avais par peur de lui faire mal. Une raison de plus pour laquelle j'évitais de lui faire part de tous les détails, c'est aussi le fait que je savais qu'il n'était pas content de mon voyage, même s'il ne le disait pas, considérant qu'il ne cessait de me rappeler que je n'aurai pas dû effectuer ce voyage toute seule. Et compte tenu de tout cela, j'avais décidé de lui taire certains détails, même quand les complications commençaient à faire surface. Et lorsque, presque à terme de la grossesse, mon médecin me confirmera que, suite à la position de siège et par les têtes des jumelles, j'allais accoucher par césarienne, j'avais maintenu ma position de ne rien lui dire par peur de le perturber. Heureusement que Dieu avait grâce et tout s'était bien passé. Céleste est sortie la première, suivie de Princesse.

Par ailleurs, malgré le fait que j'adorais mon indépendance à Matadi, par moment, je sentais qu'il était indispensable que Guy-Patrick fût à mes côtés, car il me manquait. Puis six mois plus tard, les jumelles grandissaient et l'envie de rentrer chez moi à Matadi commençait à me hanter. Mais pour des raisons administratives au vu des objectifs poursuivis, de l'âge des jumelles pour le voyage et de ma santé, car je tenais vraiment à me reconstituer après ce double accouchement, je n'avais pas de choix et je devais attendre encore quelque temps.

À vrai dire, ce n'était pas pour Guy-Patrick que je voulais rentrer, mais plutôt l'ambiance et le climat de mon entreprise, à y ajouter mes amies de l'association des anciennes du lycée, qui me manquaient. C'est dommage de te le dire, mais c'est la vérité. Je me sentais mieux ailleurs que dans les bras de mon mari.

Entre temps, les nouvelles de Matadi n'étaient pas réellement bonnes, surtout quand elles étaient liées à mon séjour à l'étranger. En effet Guy-Patrick commençait à se plaindre de plus en plus de mon absence prolongée. Lui qui ne parlait pas trop. Mais aussi, il avait décidé de rejoindre Kinshasa ; les universités et instituts supérieurs de Kinshasa commençaient à beaucoup le réclamer afin qu'il remplace son Professeur qui était promu à un poste politique et n'avait plus de temps pour se présenter à ces différentes institutions.

C'était aussi une bonne chose pour sa carrière d'enseignant. Le grand débat était celui de mon emploi bien rémunéré à Matadi pendant que Guy-Patrick était muté à Kinshasa. Et normalement, j'étais censée le rejoindre à Kinshasa.

Finalement, le temps de retourner au pays arriva. Je venais de passer plus de six mois à l'étranger. Et ces derniers jours coïncidèrent aux fêtes de Noel et du Nouvel An. La grande partie de la ville de Bruxelles était embellie et s'illuminait pour accompagner toute la population durant cette période festive de grande envergure. Comme dans toutes les villes de tradition chrétienne, la ville s'était métamorphosée et offrait un visage complètement différent du reste de l'année : les lumières décoraient les artères de la ville, les drapeaux et guirlandes publicitaires rendaient la décoration attirante en vue de valoriser les fêtes de fin d'année… Bref, ces enjolivements renforcés par la neige créaient un décor des plus féeriques.

Au-delà de ces décorations, comme le climat de la région de Bruxelles est un climat tempéré océanique, il faisait très froid en cette période ; il fallait s'habiller conséquemment en fonction de la météo. Pour le confort, l'aisance, l'apparat et surtout la santé, il était impératif de s'habiller correctement et de bien se couvrir.

C'est un certain 28 décembre que je devais prendre l'avion, ou mieux, nous devrions prendre l'avion puisqu'il s'agissait des jumelles et moi-même. La veille, j'avais pris toutes les dispositions en appelant Guy-Patrick afin qu'il vienne nous chercher à l'aéroport international de N'djili. Nous quittâmes l'aéroport de Zaventem sous le froid matinal et hivernal pour arriver à Kinshasa, sous un accueil bien réservé de la chaleur.

Chaleur, ça devait faire chaud, pas seulement dans le climat, mais surtout dans ma vie ; car c'est là qu'avait commencé ma descente à l'enfer. Dans ma conscience, je savais que ça allait barder, car pendant que je me trouvais à Bruxelles, le débat sur la résidence à Kinshasa s'était terminé en queue de poisson. Les raisons étaient simples pour moi : je ne voulais ni perdre mon emploi ni mes amies et surtout que je me sentais bien à Matadi quoique ça ne soit qu'une ville de province.

Et quant à tout cela, les pensées et réflexions d'un certain Hippolyte de Livry de 1808 me reviennent encore à l'esprit, car elles disaient exactement ce qui suit : « Les hommes sont toujours prêts à sacrifier les autres à leur intérêt ; ils s'embarrassent fort peu qu'une chose soit juste, pourvu qu'elle leur soit utile, ou seulement agréable ; voilà leur seul mobile, et l'histoire de toute leur vie ». C'est pour dire que l'intérêt personnel ne conduit pas bien souvent la raison.

Il était exactement 20 h 37, lorsque l'avion avait atterri à l'aéroport de N'djili. En regardant au travers les hublots, je revis cette piste longue de 4 700 mètres qui a longtemps été la plus étendue du monde à telle enseigne que les grands appareils finissaient leur atterrissage ou décollaient au milieu même de la piste. Puis le moment M arriva ! Ce moment fantastique que Guy-Patrick attendait depuis plus de neuf mois, celui de voir enfin en chair et en os les jumelles, ses enfants, en compagnie de leur maman, sa femme, bien sûr.

Quand je dis que ce moment était curieusement extraordinaire, je n'exagère rien, car je n'avais jamais vu Guy-Patrick aussi heureux de me revoir. À ajouter ses deux petites filles, ses ravissantes jumelles qu'il avait longtemps chéries de loin, c'était un rêve qui devenait réalité. On lisait dans ses yeux, dans son regard, la joie d'être enfin devenu père. Et quel père ? Celui des jumelles, Céleste et Princesse.

Guy-Patrick m'embrassa puis se précipita de sortir les enfants des poussettes pour les serrer tendrement ses bras. J'ai vu les larmes de joie couler de ses yeux. Et à cet instant précis, pendant que j'observais Guy-Patrick, j'ai remarqué que nos jumelles avaient hérité de lui ses beaux yeux, ses fossettes et même sa bouche, tout cela au détail près. De plus, les jumelles se ressemblaient comme deux gouttes d'eau, elles étaient vraiment issues du même cocon, seuls leurs teints m'aidaient à les différencier. Princesse avait suivi le teint clair de son père, tandis que Céleste était un peu plus sombre. Ce qui prouvait à suffisance que les jumelles avaient quelque part les bagages génétique et héréditaire de leur père biologique.

C'est dans cette ambiance pleine d'émotions que nous avons pris place à bord de la voiture et nous nous sommes dirigés vers une habitation que je ne connaissais ni ne maîtrisait. Ayant longtemps séjourné à l'étranger, j'avais suivi de loin l'évolution professionnelle de Guy-Patrick qui était obligé de s'installer à Kinshasa dans le cadre de son travail.

Ses prestations aux différentes universités de la capitale nécessitaient qu'il y soit basé pour un temps indéterminé.

Entre temps, à peine arrivée à Kinshasa, je devrais me préparer pour me rendre à Matadi. Et je savais déjà que cela devait poser problème, mais je lui avais déjà soufflé d'une manière détournée ma décision d'y rester, compte tenu de mes intérêts. J'ignorais seulement comment cela devait se passer.

C'est vers minuit que nous arrivâmes dans cette nouvelle maison qui appartenait à une des universités qui employaient Guy-Patrick. La maison était située dans un nouveau et florissant quartier de la ville, précisément dans la commune de Lingwala, un quartier portant le nom de « Beau vent ». C'était une belle maison, une maison vraiment moderne, et n'avait rien à envier celles de là d'où je revenais ; car répondant à des contraintes écologiques, mais aussi à des règles de volume, de lumière et d'espace.

Elle était d'une architecture qui étalait visiblement sa modernité, avec de grandes baies vitrées afin de laisser toute la lumière du jour s'y installer. La communication entre les pièces offrait de grands espaces à vivre et permettait un passage plus important de la lumière. C'était en tout cas une très une belle maison !

Toutefois, il n'y avait qu'un seul grand constat à faire. La famille s'était agrandie, car avant il n'y avait que Guy-Patrick et moi, et que dorénavant il fallait y inclure les jumelles. C'est le premier moment véritablement bouleversant pour les couples : l'arrivée des enfants. Cela demande beaucoup de réajustements en vue de s'y adapter. Je me disais déjà au fond de moi : « Pas d'affolement, tout va merveilleusement se passer ! »

Et ce jour-là, les jumelles avaient pleuré toute la nuit pour ne dormir que très tard. Pour me rassurer, Guy-Patrick me disait : « C'est normal, c'est leur première nuit dans cette nouvelle maison et en plus, il ne fait pas aussi froid comme à Bruxelles. Tu sais, chérie, ce n'est pas donné à tout le monde de passer facilement de l'hiver à la chaude saison des pluies. »

À mon réveil, la table était déjà dressée pour le petit déjeuner et l'odeur des omelettes à la sardine m'arracha un petit sourire. La nièce de Guy-Patrick qui vivait à Kinshasa et qui l'avait épaulé pendant mon absence avait tout apprêté, et ça ne pouvait tomber mieux, vu que la nuit n'avait pas été de tout repos.

Guy-Patrick et moi étions passés à table, pendant que sa nièce et la bonne transformées de but en blanc en nounou s'occupaient des jumelles. Je profitais alors de ce moment qui m'offre Guy-Patrick en face pour aborder le sujet sensible que nous évitions encore et encore. Il fallait absolument que je regagne mon poste à Matadi sans délai, vu que j'avais largement dépassé les jours de congé que m'avait accordé mon entreprise.

« On n'a plus rien à Matadi, me dira Guy-Patrick. Tout ce qu'il y avait dans notre maison, tu l'as ici. Avec qui vivras-tu là-bas ? Et les enfants ? Et moi ? Penses-tu à tout cela ? Je crois t'avoir dit que Kinshasa m'offre assez d'opportunités, pour ma carrière et mon avenir, notre avenir. Je te donne alors une semaine pour déposer ta démission et aussi montrer les jumelles à tes parents. Je veux te voir ici sous huitaine » compléta-t-il avant de claquer la porte pour se rendre à son travail.

Bien entendu, je le suivis en lui disant : « Mais Guy-Patrick, je sais tout cela. Pourquoi es-tu si agité ? Une semaine, c'est peu pour tout ce que tu me demandes là ! »

Malheureusement cela ne s'était révélé qu'un effort vain, puisqu'il me répondra : « Débrouille-toi comme une adulte ! »

Ensuite, il s'était glissé dans la voiture puis s'en était allé. Cette réplique assez cinglante m'avait tellement énervée, moi qui n'y trouvais qu'une injonction de la pure et simple dictature. Un mari qui ne voulait pas m'écouter, mais m'imposait de ne faire que sa volonté, ça me restait en travers la gorge. Et j'étais fort furieuse.

Plus tard, lorsque je parvins à me calmer, je pris mon téléphone et appelai mes parents afin de leur annoncer notre arrivée à Kinshasa ainsi que notre descente imminente à Matadi, dans les 72 heures, une descente qui aurait entre autres l'objet de leur présenter les jumelles. Mais en réalité et au plus profond de moi, je visais plus mon emploi que je ne voulais absolument pas perdre. Il y avait aussi l'ambiance de la ville ainsi que des amis qui me manquaient énormément. Un tas de facteurs qui m'ôtait toute résignation face à ces diktats.

Les parents étaient très contents d'apprendre la nouvelle et commençaient à annoncer à qui voulait les entendre que nous allions arriver très bientôt. C'était une grande joie de leur côté, car les jumelles étaient leurs premiers petits-enfants. Pourras-tu imaginer la joie qui les animait ?

Pour moi, compte tenu de tous les points que je viens de souligner, il était exclu que je cède ne serait-ce qu'un pouce dans le bras de fer qui m'opposait à mon mari. Et c'est dans cette attitude de colère que j'ai pris, en une minute seulement, la décision qui transformera par la suite toute ma vie.

Chère amie, maintenant je donne raison à Henri de Montherlant qui dans son livre « *La reine morte* » paru en 1942 disait exactement ceci : « Quand on vieillit, les colères deviennent des tristesses ». Et aujourd'hui, en prenant quelques années supplémentaires sur cette terre, je descends de ce nuage tumultueux pour voir avec un autre œil, disons un œil spirituel, cette décision que je regrette. Mais que faire, maintenant que tout a été détruit ?

Là n'était qu'une prolepse. Revenons au déroulement des faits. Comme il fallait aussi prévenir mon entreprise de mon arrivée, je me suis rappelé aussi qu'il était urgent d'entrer en contact avec la responsable des Ressources humaines qui me souffla aussi qu'il y avait une bonne nouvelle qui m'attendait. J'essayais de la persuader de me la communiquer à distance, mais elle m'avait répondu que je ne l'apprendrais que sur place, donc à Matadi.

Cette nouvelle m'avait mis une pression supplémentaire et inexplicable que je ne savais comment expliquer. D'un côté, Guy-Patrick m'avait sincèrement énervée ; et de l'autre, je ressentais la joie de retrouver mon emploi, mon monde, mes parents, ma Jeep full option à dédouaner à Boma qui est la ville portuaire et voisine de Matadi, sans compter la bonne nouvelle dont je ne connaissais pas vraiment la quintessence.

Parlant de cette Jeep *Full Option* que j'ai pu acquérir grâce à un bonus distribué à tous les employés de l'entreprise, un montant qui m'a été transféré à Bruxelles et dont Guy-Patrick n'était même pas mis au parfum ; c'était une très belle voiture, craquante, et vraisemblablement, sans nul doute, l'une des plus belles voitures jamais crayonnées ! Et j'étais la seule à avoir une telle belle cylindrée dans la ville.

Les 72 heures arrivées, avec les jumelles, nous prîmes le train express Kinshasa-Matadi. Faute de temps et vu qu'il ne possédait pas de véhicule, surtout qu'il devait assister matinalement aux examens de la première session à l'Université, Guy-Patrick avait été dans l'obligation de déléguer sa nièce pour nous accompagner. Nous avions donc pris en location un taxi pour nous conduire à la gare.

C'est vers 10 heures que le train quitta la Gare Centrale de la Gombe pour atteindre Matadi en début de l'après-midi. Côté voyage, il n'y a rien à signaler, car ça s'est passé dans de bonnes conditions.

Cependant Guy-Patrick avait gardé cette froideur à l'esprit, car il savait comme moi que je ne voulais pas vivre à Kinshasa. Bien que ce fût la capitale d'un grand pays, mes intérêts qui se trouvaient ailleurs primaient mes décisions. Ce qui fait que pour moi, ce voyage à Matadi était des plus magnifiques.

À Matadi, ce sont mes parents qui viendront nous accueillir. Quelle joie pour eux de voir pour la première fois leurs petites-filles, les premiers petits-enfants de leur lignée ! Le cortège de voitures au parking de la gare qui n'était pas bruyant à l'image de celui d'une fête nous conduit ensuite vers la maison. Parmi ces voitures, on recensait quelques grosses cylindrées louées pour l'occasion.

Mais la plus grande surprise nous attendait à la maison, là où mes parents avaient tenu à ce que tout le monde, famille, amis et connaissances, rehausse de leur présence pour célébrer la naissance des jumelles et notre retour à Matadi. Le seul bémol, c'est l'absence de Guy-Patrick qui, compte tenu de son emploi de temps chargé, mais aussi de son ressentiment, n'était pas des nôtres.

À la maison de parents où nous étions reçues avec pompe, tout avait commencé par une prière faite par le Pasteur de l'Église de mon père, et la suite s'était déroulée comme l'avait demandée par le Pasteur dans sa prière : dans la joie et la paix.

Vers la fin de la semaine, je me présenterai enfin dans les locaux de mon entreprise, après plusieurs mois d'absence, pour les formalités administratives, étant donné que je venais en principe reprendre mon emploi. Qu'à cela ne tienne, je savais qu'en moi, il y avait un dilemme : Guy-Patrick me voulait à Kinshasa, et moi-même, je me voyais évoluer à Matadi aux vues de ce que mon emploi me promettait.

Au bureau, l'ambiance était bon enfant. Tout le monde voulait me parler, me saluer, avoir des nouvelles de l'Europe, du long voyage et des jumelles. Cet accueil m'avait fait tellement plaisir que je m'étais réellement sentie chez moi et trop bien dans ma peau.

Ce n'est qu'après cet accueil chaleureux, plein d'enthousiasme, et ces salutations que je me dirigerais vers le bureau des Ressources humaines où la responsable m'accueillera avec un enthousiasme plus grand.

Comme elle me l'avait été demandée, je lui présentais tous les éléments demandés : actes de naissance des jumelles, attestation médicale de l'Hôpital qui m'avait prise en charge et autres documents. Et pendant que je lui présentais tous ces documents, elle remettra d'une autre main un courrier appuyé par quelques mots lâchés de ses lèvres souriantes : « Mes très sincères félicitations, Madame ».

D'emblée, je ne pouvais pas imaginer ce qu'il pouvait avoir comme information dans cette enveloppe. Ce n'est que plus tard en l'ouvrant et en lisant le contenu que je comprendrai la teneur de ce courrier, certains petits détails étant bien entendu mis en sourdine :

À Madame Bernadette Eyenga
Concerne : votre promotion
Chère Madame ;
Faisant suite à la décision du conseil d'administration prise dans sa réunion tenue le 23 décembre…, nous avons le réel plaisir de vous notifier qu'à dater de ce jour, en rapport avec l'objet repris en titre, vous êtes promue au poste de Directrice commerciale pour la Province du Bas-Congo
En effet, cette décision avait été motivée par votre cotation annuelle qui répond effectivement aux attentes de notre Entreprise. Et nous sommes sûrs qu'en vous attribuant ces responsabilités, vous mettrez tout votre savoir-faire en vue relever avec satisfaction ces nouveaux défis. Concernant votre traitement, votre situation salariale se détaille comme suite…
Les services des Ressources humaines, de Comptabilité, ainsi que tous les autres qui nous lisent en copie, sont chargés de prendre en compte cette nouvelle disposition dès réception du présent courrier.
Veuillez recevoir, Madame, nos sincères félicitations.

C'était inattendu et bien que cette nouvelle m'avait fortement réjouie, car je me voyais arrivée au sommet de ma gloire, elle m'avait aussi a bouleversée, car je me suis dit que c'était fini, que je ne rentre plus à Kinshasa de si tôt avec cette promotion et tous les avantages y afférents : avantages sociaux qui allaient complètement changer le cours de ma vie. Avec un salaire impressionnant, tout m'a été donné pour vivre sans soucis.

Folle de joie, je voulais me jeter dans les bras de la Directrice des Ressources humaines pour l'en remercier, mais l'éthique professionnelle m'avait imposé de la retenue, car je devenais de facto plus gradée qu'elle. Je ne pouvais donc pas étaler toutes mes émotions devant elle ; mon enthousiasme pourrait également susciter de la jalousie, non seulement de sa part, mais aussi de la part des autres membres du personnel, surtout que c'était une promotion pour une personne qui avait été absente de l'entreprise pendant plus d'une année.

Au sortir du bâtiment des Ressources humaines et avant d'aller remercier le *numéro un* de la boite, mon premier réflexe avait été d'appeler vite mes parents pour leur partager ma joie. Mais aujourd'hui, avec un peu de recul, chère amie, je réalise que ma tête aussi ne tournait pas bien, car la première personne qui méritait d'être informée, c'était mon mari. Et la remarque me sera faite aussitôt que mon père avait décroché son téléphone, me demandant si j'avais pris le soin de réserver la primeur de cette information à mon mari.

Cette question avait sonné comme un rappel à l'ordre, mais j'avais résolu de ne pas lui mentir. « Non, papa, il n'est pas encore informé », lui avais-je timidement répondu.

Cela m'avait refroidie un peu, mais j'avais le bureau du Président Administrateur délégué à visiter pour me plonger dans mes émotions de ce genre. Et entre tenir mon mari au courant de mon avancement et achever la procédure en allant voir le grand chef, j'avais choisi ce qui avait le plus d'intérêt à mes yeux. Mon mari n'avait qu'à aller au diable s'il le voulait, mais ma nouvelle fonction était non négociable.

Ce n'est qu'en début d'après-midi que je déciderai d'appeler Guy-Patrick, et nous eûmes une conversation dont l'essentiel est présenté ci-dessous.

« Bonjour, chéri, comment vas-tu ? J'espère que tout se passe bien à Kinshasa. De notre côté, nous étions bien arrivées à Matadi. J'aurais dû t'appeler depuis le début, mais comme je n'avais pas encore obtenu un numéro de téléphone, il m'a été difficile de te contacter aussitôt. Les jumelles vont bien, et tout se passe bien. La grande nouvelle à t'annoncer est que je viens de recevoir ma lettre de promotion. Désormais je suis Directrice commerciale pour la Province du Bas-Congo. Allô, est-ce que tu me suis ? »

J'avais perçu un silence au bout du fil, comme s'il n'était pas en ligne. Mais finalement, il émettra un signe de vie, juste pour me dire : « je te rappelle plus tard. »

J'avais tout de suite compris qu'il y avait quelque chose qui clochait ; et comme je le connais, quand il ne dit rien c'est que ça ne va pas, je m'étais alors résigné à attendre son appel avec toutes les surprises possibles.

Un jour, deux jours, trois jours s'étaient écoulés, il ne se manifestait toujours pas. Je me mis à le rappeler sans qu'il ne décroche ne serait-ce qu'une seconde. Et je me suis alors dit : « Ça y est, la guerre vient de commencer ! »

Entre temps, quand les parents et d'autres personnes me demandaient de ses nouvelles, je leur disais qu'il allait bien et qu'on s'appelait au moins trois fois par jour. Dans mon cœur, je sentais déjà le conflit monter en puissance, mais ma promotion me rassurait et je me disais : « Advienne que pourra ! »

Sacrifier mon mariage pour aménager mon emploi, je pensais que c'était la meilleure formule. Mais je t'avoue que cela s'est révélé n'être qu'une grosse erreur, mon amie, car j'ai par la suite appris dans la douleur que ce n'était pas l'argent qui faisait mon bonheur. Le bonheur que j'avais n'était qu'un simple vernis, c'est-à-dire que je n'étais qu'un tombeau blanchi. Les gens me voyaient heureuse, mais en réalité, j'avais une vie tourmentée.

J'amorcerai encore une autre tentative devant relancer le dialogue avec Guy-Patrick, mais ce sera sans suite. Je m'étais alors dit qu'il fallait trouver un moyen détourné pour l'avoir au téléphone. C'est ainsi qu'un soir, vers 20 heures, je téléphonerai à sa nièce qui vivait avec lui dans la maison. Je savais qu'à ces heures-là, tel que je le connaissais, il devait être devant sa télé pour suivre les informations, le JT de 20 heures. Et ça avait marché. Je l'avais eu par le truchement de sa nièce qui lui avait exactement dit : « Tantine Bernadette voudrait te parler au téléphone. »

Heureusement que mon appel était passé par sa nièce. Cela lui avait imposé une certaine conduite dans laquelle voulant faire croire à celle-ci que tout allait bien entre nous, il se verra obligé de me parler. Et moi, avec un peu de brutalité, je l'attaquai en ces termes : « Qu'est-ce qui ne va pas Guy-Patrick ? Voilà bientôt une semaine que tu ne réponds pas à mes appels ni ne me passes un coup de fil pour avoir des nouvelles. Que signifie cette mascarade ? Est-ce que c'est moi qui ai voulu cette promotion ? Ne pouvons-nous pas en parler en adulte ? Je suis fatiguée d'être considérée comme une petite fille. J'ai droit à la joie et à la paix comme tout le monde. Si ça ne va pas, dis-le-moi. »

Guy-Patrick restait silencieux et me laissait parler jusqu'à ce que j'ai aie tout déroulé et sorti tout ce que j'avais sur le cœur. Puis d'un air calme qui ne cachait pas sa voix tremblante, il me répondit avec fureur :

« As-tu terminé ? Es-tu une femme mariée ou célibataire ? Tu es partie comme tu le sais, non sans ignorer quelle était ma position, et c'est encore toi qui m'incrimines ! Au cas où tu aurais des doutes, sache que compte tenu de mon poste et des ouvertures que m'offre mon travail à Kinshasa, je ne saurais plus vivre à Matadi. Tu as oublié tout ce que l'officier de l'État civil t'avait dit le jour de notre mariage civil ? La femme doit suivre son mari partout. Et comme, tu ne veux pas venir à Kinshasa, tu veux rester à Matadi, je te donne un mois pour te décider. Merci ! »

Et aussitôt fini de parler, il raccrocha son téléphone. Pour lui, le débat était déjà clos depuis que j'étais à Bruxelles, car il me l'avait déjà dit et m'avait demandé de prendre mes dispositions. Et moi, en réfléchissant sur ma promotion, mon salaire, mes jumelles, ma Jeep qui était en bateau et l'opposition de Guy-Patrick, cela ne faisait que m'énerver au point que je me disais que je pouvais vivre sans lui, car tout ce que j'avais suffisait pour me rendre heureuse et indépendante.

Les jours passaient, on s'appelait de moins en moins ; et moi avec mon nouveau rythme de travail, les nouvelles responsabilités, je devenais tellement absorbée par mes tâches journalières que je l'oubliais progressivement. Je rentrais du travail très fatiguée, épuisée et crevée. C'était parce que je courais toute la journée par-ci par-là, avec des dossiers qui n'en finissaient jamais.

Des fois, il m'arrivait de remettre en question une telle promotion qui me stressait jour après jour, car c'était toujours le même train – train journalier et monotonie. Chaque matin, dès mon réveil, j'étais dans un état d'extrême pression compte tenu de mes objectifs journaliers et même hebdomadaires, des objectifs qu'il fallait à tout prix atteindre. La nuit, je commençais à avoir du mal dormir.

Et en résultat, j'accumulais des objectifs et des problèmes non résolus. Une profonde anxiété me poussait à réfléchir comment contourner certaines choses pour atteindre les objectifs escomptés. L'ordinateur qui me bombardait des messages ainsi que mon téléphone qui sonnait tout le temps devenait mon entourage immédiat et faisait partie intégrante de ma vie, car je ne pouvais les éteindre et me tenir loin de ces deux gadgets. Avec ce travail et ses corollaires, j'en venais, sans m'en rendre compte, à oublier l'essentiel, donc mon foyer ; et petit à petit, on s'approchait de la date fatidique. Quelle vie !

Autre fait, quelques jours avant l'ultimatum fixé par Guy-Patrick, l'agence de douane m'appellera pour m'informer de l'arrivée de mon véhicule au port de Boma, et que je devais aller le récupérer. Jusque-là, Guy-Patrick n'était toujours pas au courant de cette jeep achetée à Bruxelles. Et comme je tenais moi-même à aller la récupérer, je me ferai accompagner par mon chauffeur de service. Mais à mon grand étonnement, il se trouvera que le monsieur qui va me recevoir à l'agence de douane ne sera autre qu'un des meilleurs amis de Guy-Patrick, quelqu'un dont je n'étais pas au courant qu'il devenait cadre dans cette agence. Il me reçut avec joie et intérêt puis accéléra les formalités afin de me permettre de retirer au plus vite de ma jeep.

« Quelles sont les nouvelles de Guy-Patrick ? » me demanda-t-il par la suite.

« Il va très bien, il est à Kinshasa avec ses occupations » lui répondis-je.

« Ah bon ! s'étonna cet ami. Pourtant on s'est parlé hier au téléphone. Il s'ennuyait de la vie à Kikwit. C'est bien pour cette raison qu'il est rentré tard à Kinshasa ».

Avec cette information je resterai bouche bée. Puis petit un sourire complètement bête, j'argumentais : « Présentement il est dépassé par son travail ».

Cet échange, bien qu'anodin, m'avait fait comprendre que je commençais à perdre mon mari, car je ne le maîtrisais plus. Mais bah, je retirais une voiture que lui ne connaissait même pas. On était donc quitte.

Cependant un regain de conscience m'avait vite envahie. Et comme pour les « s'enfoutistes », ce ne fut qu'un regain passager, parce qu'à la vue de cette belle voiture qu'on m'avait présentée, je n'avais qu'un seul désir : circuler partout à bord ; oubliant le fait d'en informer mon mari avant que son ami ne le fasse.

C'est ce qui arriva, car une heure après lorsque je vis mon téléphone vibrer. Signalons seulement qu'à force de recevoir plusieurs appels, je ne supportais plus les sonneries. Et c'est le numéro de Guy-Patrick qui s'affichera sur l'écran. Étant donné que j'avais un problème de conscience, j'hésitais de prendre de mon propre téléphone, ou mieux l'appel de mon propre mari. Mais je pris mon courage entre les deux mains.

« Allô ! Bonjour chéri. Quelles nouvelles ? » fit ma première réaction : un semblant de sérénité. Mais au fond de moi, je n'étais pas dans mon assiette. J'étais plutôt très agitée, car ma conscience m'interpellait.

« Je vais bien, merci ! me répondit-il. Comment vont mes jumelles ? Elles me manquent et j'ai envie de les voir d'ici là comme convenu. Autre chose, tu achètes un véhicule sans me tenir informé ? C'est quoi, cette façon que de se faire informer par un ami de quelque chose d'important que vient d'acheter sa propre femme ? Là, non seulement que je ne te comprends pas, je ne reconnais plus la femme que j'ai épousée. Comment peux-tu devenir aussi cachotière ? Et cette façon d'agir et de se comporter est propre et typique des gens qui ont quelque chose à se reprocher. Dis-moi c'est quoi ça, car je me rends de plus en plus compte que tu me poses bien des problèmes ! Et je ne sais même pas où tu as trouvé cette fortune pour pouvoir t'offrir une si grosse cylindrée. »

Sincèrement je n'avais pas d'argument. J'étais sur la défensive et m'en sortis sans succès. Cependant au lieu de m'humilier, je lui balançais des justifications tirées par les cheveux.

« Chéri, tu sais, je tenais à l'avoir pour notre bien à tous : toi et moi, mais surtout les enfants. Je pensais te le dire bien avant, mais… Au fait, je voulais te réserver une surprise, celle de ne t'informer qu'aussitôt la Jeep arrivée à Matadi. Je répète que c'était dans l'intérêt de tous, chéri. Je suis désolée ! »

Mais il renchérit avec ces termes : « En plus, je me rends compte que tu tiens à ton travail. Et comme tu ne veux pas rentrer à Kinshasa, fais donc comme tu veux. J'ai compris ta position. »

Finalement j'étais agacée par ses questions, et je commençais à perdre la maîtrise dans mes propos.

« Chéri, mes parents ne m'ont pas envoyée à l'école pour rien ! Voilà que la chance est de mon côté, je trouve qu'avec mes revenus, nous pouvons finalement réaliser nos rêves. Et c'est à ce moment précis que tu me demandes de te rejoindre à Kinshasa ? Combien gagnes-tu là-bas ? Par ailleurs, les jumelles sont arrivées, elles ont besoin d'être bien prises en charge. Ne vois-tu pas qu'avec tes revenus, nous allons souffrir ? Et sincèrement, je ne tiens pas à venir à Kinshasa. J'ai pris ma décision. En tout cas, je ne peux pas te rejoindre et abandonner mon emploi, avec tous les avantages. En attendant que ta situation s'améliore pour une bonne prise en charge de ton foyer, je te propose de regagner Matadi. Et pendant que tu chercheras un meilleur emploi, je suppléerai aux charges de notre foyer. Mais venir à Kinshasa avec ce travail qui ne rassure pas, c'est hors de question. La balle est dans ton camp. Voilà ma position définitive. »

J'avais parlé sur un coup de tête. Mais avec le recul, je me rendrai compte que c'est cette réponse qui avait constitué la goutte d'eau qui fera déborder le vase pour déclencher la guerre, ma chère amie.

Juste après cet échange, Guy-Patrick, furieux, raccrocha le téléphone en me disant qu'il en prenait bonne note. Et c'est à partir de ce jour-là que lentement mais surement, la fréquence des appels téléphoniques, donc la communication entre Guy-Patrick et moi, commençait à baisser de régime.

Un mois après que l'ultimatum ait expiré, alors que j'étais au bureau, je reçus un appel depuis le standard m'annonçant que la petite sœur de Guy-Patrick était à la réception et voulait me rencontrer. Vu que je m'apprêtais à participer à une réunion importante aux côtés de mes supérieurs hiérarchiques sur les nouvelles stratégies de démarchage et sur la ligne de conduite à adopter avec nos nouveaux clients, une réunion dans laquelle je devais intervenir en me servant d'une présentation PowerPoint que je fignolais en ce moment précis, il m'était impossible de la recevoir. J'ai donc dû demander à la standardiste de la faire attendre au cas où elle ne serait pas pressée, ou carrément de repasser les après-midi, ou encore le jour suivant, pour que nous ayons le temps de parler à tête reposée.

Guy-Patrick était le seul garçon de sa famille et n'avait qu'une seule sœur. Après, mon voyage en Europe et le déplacement de Guy-Patrick pour Kinshasa, celle-ci était restée à Matadi pour raisons d'études. Elle habitait sur le campus. Et depuis mon retour d'Europe, on ne s'était pas encore vues et ne savait même pas que j'étais à Matadi du fait de deux choses : non seulement qu'elle aimait vivre éloignée de sa famille, la manière dont j'ai pu voyager y avait aussi ajouté sa dose. Aussi, avec cette colère dans son cœur, Guy-Patrick, j'en suis convaincue, ne l'avait pas non plus tenu informé.

Ayant buté sur mon emploi de temps chargé, elle décida de revenir le jour suivant, pendant mon heure de pause. Et pour bien échanger avec ma belle-sœur, j'avais résolu de l'emmener dans un restaurant tout proche de mon lieu de travail. Au menu des nos échanges qui mirent tout au plus vingt minutes, il y avait : mon voyage, la naissance de jumelles et le conflit qui couvait entre moi et son grand frère, une guéguerre dans laquelle chacun tirait le drap de son côté.

Pourtant la belle-sœur était tout de même était impartiale, en ce sens qu'elle était juste et correcte dans ses propos. Et lorsqu'elle reprendra la parole, ce sera pour dire exactement ce qui suit :

« Je ne pouvais pas imaginer et croire que tu étais de retour à Matadi sans que je ne sois au courant ! Tu es arrivée avec les enfants depuis si longtemps, et que tu n'as même pas pensé au fait que tes enfants avaient leur tante sur place, la seule tante paternelle qu'elles aient ! Dis-moi ce qui ne va pas. Ai-je un problème particulier avec toi ? Est-ce que les violons ne s'accordent pas entre mon frère et toi ? Je reconnais en lui quelqu'un de calme, passionné de la sérénité et qui affectionne tout ce qui a trait à l'entente et l'harmonie. Et je ne comprends pas ce qui se passe. C'est une ancienne voisine qui t'avait aperçue en ville et m'en avait parlé. Elle me confirmera que ça va faire plus d'un mois qu'elle te voit, car elle vient souvent pour ses affaires personnelles en face de votre entreprise. J'ai alors décidé d'appeler Guy-Patrick parce que je n'en revenais pas. Guy-Patrick, sans aucune forme de procès, me répondra calmement que tu étais déjà arrivée et que tu étais, avec les enfants, à Matadi. Connaissant bien mon frère, le ton qu'il avait employé et le temps consacré pour répondre montraient que les choses n'allaient pas. Belle-sœur, dis-moi exactement ce qui ne va pas. »

Déjà le fait de la voir, inconsciemment, j'avais des sautes d'humeur. Peut-être que j'étais consciente et rongée par la culpabilité, mais j'ai pris la parole afin de répondre à ses préoccupations.

Je ne comprends pas ton frère. C'est comme s'il est contre ma promotion et mon élévation. Je ne savais pas qu'en rentrant à Matadi, je trouverais sur ma table une promotion. Pendant que j'étais en Europe, Guy-Patrick avait été contacté par une université de la capitale pour y prester. L'université lui a proposé une maison de service. Et comme il y avait une légère amélioration de sa rémunération, il a jugé utile d'aller à Kinshasa.

Entre temps, tu sais que je travaille à Matadi. Mais il me demandera de prendre mes dispositions pour demander à mon entreprise soit mon transfert à notre succursale de Kinshasa soit carrément de déposer ma démission. Déjà en ce temps, les violons ne s'étaient pas accordés, car je n'étais pas d'accord sur cette façon de voir les choses.

Puis arrivée à Kinshasa, il fallait que je descende ici pour non seulement présenter les enfants à ma famille, mais aussi régler la situation de mon emploi. Sincèrement, je n'étais pas convaincue de sa vision des choses. Et une fois arrivée à Matadi où je devais rester un temps bien précis selon ce qu'il m'avait dit, les choses évolueront dans le bon côté, avec une promotion sur ma table. Je lui ai dit clairement que je ne saurais plus rentrer à Kinshasa et que c'est ce que je cherchais aussi dans ma carrière. Avec sa modique rémunération, il ne saura même pas nous prendre en charge.

D'ailleurs, ce n'est pas pour rien que mes parents m'avaient envoyé à l'école, je n'ai pas étudié pour rien. Qu'il revienne ici à Matadi, je le prendrai en charge, ainsi que toute la maison, en attendant qu'il trouve mieux. Je lui ai aussi toujours sommé de changer de profession, car ce qu'il fait ne paie pas. Avec les relations que j'ai tissées dans la ville, je peux lui trouver quelque chose de bien et de solide. Mais apparemment, on ne se comprend toujours pas, et je lui laisse le temps de bien réfléchir.

Tu sais, belle-sœur, il ne s'agit là que de l'orgueil masculin. Bien qu'il n'ait rien, il veut se faire responsable et chef.

Je crois t'avoir dit en quelques lignes la situation actuelle. À moins que tu aies quelque chose à dire, dis-le très vite, car je dois rentrer au service. Le travail m'attend et j'ai une grande réunion.

Et à la belle-sœur de réagir :

« Tantine Bernadette, je ne te reconnais plus ! Sincèrement tu n'es plus cette adorable belle-sœur que j'avais connue. Pourquoi une telle arrogance ? Je ne suis même pas obligée d'entendre certains détails de vos différends. En plus, tu arrives à Matadi entre autres pour présenter les enfants à ta famille, et tu oublies qu'il s'y trouve quelqu'un de ta belle-famille. Que dis-tu de nous, alors, pendant que tu t'es contentée de leur montrer qu'un seul côté, ta famille à toi ? As-tu oublié qu'une femme doit être soumise à son mari ? Fais attention, car la voie que tu commences à emprunter, tu le regretteras un jour. N'oublie pas que la Bible nous demande de ne pas négliger le faible commencement ; ce travail de faible revenu de ton mari que tu sembles négliger aujourd'hui, tu ne sais pas ce que ça pourra enfanter demain. Ouvertement, je ne te reconnais plus ! C'est l'Europe qui t'a influencée ou quoi ? Rien n'est encore perdu avec ton mari pour que les choses puissent rentrer à la normale. Alors je te conseille de t'humilier. Appelle-le et recherche la paix. Je ne saurais être longue, tu es assez grande pour savoir que le danger te guette. Je te laisse, car tu as ton travail et j'espère qu'une solution pacifique sera trouvée entre vos deux. »

Ma belle-sœur s'apprêtait à partir. Elle avait tout dit. Cependant au lieu de faire attention à ces remarques somme toute pertinentes, je me revêtirai de mon arrogance pour lui répondre en ces termes :

« Bon, de toutes les façons, j'ai dit ce que je pouvais à dire. Quant au reste, c'est à ton frère de donner sa position. Moi, j'ai déjà résolu de ne plus rentrer à Kinshasa et je ne voudrais pas perdre mon emploi. À bientôt alors ! »

Telle avait été ma conclusion vis-à-vis de ma belle-sœur. Deux mois, plus tard, je me retrouve en mission à Moanda qui est une ville de la province du Bas-Congo et la seule localité côtière du pays dont l'essentiel des activités économiques se concentre dans l'extraction pétrolière.

Pendant ma pause, je me décide d'aller au restaurant avec mon assistant. Et là, curieusement, la personne qui nous présente le menu, c'est une cousine à Guy-Patrick. Quelle fut sa surprise de me rencontrer ! J'ai vite compris qu'elle était déjà informée de ce qui se passait entre son cousin et moi, juste en analysant sa réaction.

« Eeeeh, tantine Bernadette ! Quelles nouvelles ? Toujours à Matadi ? Tu fais toujours la tête ? Refuses-tu de suivre ton mari ? Penses-tu que c'est ton travail qui fera ton bonheur ? Réfléchis bien, hein ! L'argent et l'élévation, si tu ne les gères pas bien, ils risquent de briser non seulement ton mariage, mais aussi ta relation avec le Seigneur. Je te prie de bien vouloir régler cette affaire dans un bref délai afin d'éviter l'irréparable. Nous avons tous besoin de vous deux et nous voulons vous voir unis. »

Autant de questions et conseils dans un laps de temps de la part de cette cousine à mon mari. Mais je maîtrisais l'art de répondre du tic au tac.

« Ah, ton frangin ne veut pas comprendre ! Moi, je ne saurais pas le suivre sur cette route de misère. À Matadi je ne manque de rien, et mes enfants aussi sont à l'abri de la pauvreté. Comme il ne veut pas me suivre, tant pis pour lui. Il le regrettera »

telle avait été ma réplique avec assurance et aisance. Et je commençais à trouver ma vie normale. Même si on ne s'appelait pas, cela ne me faisait plus rien. D'ailleurs, dans la plupart de cas, malgré les distensions, c'est Guy-Patrick qui appelait, même une minute, afin d'avoir les nouvelles des enfants. Il n'arrêtait pas de me rappeler en douceur que c'était ses enfants.

Entre temps, le temps passait, les enfants grandissaient. Du jour au lendemain, je réalisais que j'allais faire plus d'une année sans avoir revu mon mari. Et autour de moi, ça commençait à jaser. À la maison de mes parents où je vivais, même si ces derniers n'étaient pas du genre à s'immiscer dans les affaires de mon foyer, des interpellations et interrogations commençaient à fuser de toute part. Les parents et tout le monde qui me rencontraient commençaient à me poser des questions de manière insidieuse : « Guy-Patrick reviendra finalement à Matadi ? Quand est-ce que tu iras à Kinshasa pour voir ton mari ? Vit-il toujours seul à Kinshasa ? »

Et ces questions me poussaient à croire que je commençais à déranger et à indisposer. Des langues, du reste mauvaises, me qualifiaient de tout. Pour mettre à l'abri de toutes ces interrogations et ingérences qui, de plus en plus, commençaient à m'énerver, j'ai résolu de me trouver un appartement.

Une semaine plus tard, grâce aux agents immobiliers de la place, je me dégoterai en pleine ville et au bord du fleuve, avec une vue splendide du paysage, un bel appartement de quatre chambres à coucher, avec télévision câblée, deux salons spacieux, deux salles de bain modernes, deux cuisines, deux magasins, un dépôt, une buanderie et un garage au sous-sol, ainsi que le WiFi disponible.

Cela déplut à mes parents qui voyaient que je voulais leur priver de leurs petites filles. Ils avaient avancé moult raisons pour que je reste, mais c'était sans succès. Je tenais à être indépendante et à vivre ma vie.

Étant donné que je n'étais pas souvent à la maison, j'étais obligée de trouver une domestique qui devait s'occuper non seulement de la maison, mais surtout des enfants. J'avais évité de prendre un membre de ma famille dans le seul souci de consolider mon indépendance. La sécurité de l'appartement était assurée 24 heures sur 24 par une société de gardiennage. J'avais pris toutes les dispositions possibles pour être rassurée quant à la bonne vie de mes enfants : la bonne était dotée d'un téléphone avec abonnement prépayé pour lui permettre de me joindre à tout moment, une voiture avec un chauffeur était en permanence pour les déplacements ou en cas d'urgence, et enfin une petite caisse avec un montant minimum gérée par ladite bonne était approvisionnée tous les deux jours en vue de faire face aux imprévus.

Lorsqu'on vit dans une habitation avec plusieurs êtres ; c'est bien différent. Petit à petit, je réalisais que j'étais seule à la maison. Et surtout que je rentrais dans la plupart de temps après 20 heures, la maison me paraissait de plus en plus grande, car je n'avais personne avec qui discourir. Ma seule amie devenait la télévision que je regardais allongée sur mon fauteuil. Ce n'est que tard dans la nuit que je me levais pour aller me coucher dans ma chambre, et ce bien souvent sous les sollicitations des jumelles, malgré que la bonne prenait bien soin d'elles.

Du côté de Guy-Patrick, non seulement qu'il ne contrôlait plus mes déplacements, il n'avait pas non plus de mes nouvelles. Je me souviens d'une fois que j'étais partie à la tête d'une délégation de mon entreprise pour assister à une conférence régionale dans un pays africain ; il tentait de me joindre pendant tout le week-end, mais c'était sans succès, quoique mon numéro de contact était toujours en *roaming*.

Ensuite, dès que je fus rentrée et au milieu de la semaine, il retenta, et cette fois-là, mon numéro passera et je décrochai. Sa première réaction sera d'exprimer sa désolation en disant qu'il regrettait amèrement ma conduite en constatant que je voyageais sans le tenir informé, oubliant que jusqu'à preuve du contraire, j'étais encore mariée.

Et j'avais réalisé encore une fois combien le travail ardu engendre bien de stress, mettant, de ce fait, toute la vie de couple à rude épreuve. Mais encore une fois, toujours fidèle à ma ligne de conduite, je trouverai des échappatoires à ces propos.

C'est vrai, Guy-Patrick adorait ses enfants et s'enquérait régulièrement de leur état de santé. Plusieurs fois, via des messageries financières, il leur envoyait de l'argent, bien que son salaire fût de loin inférieur au mien. Je ne comptais plus le nombre de ses textos me demandant de passer à l'agence en vue de retirer ce qu'il envoyait aux enfants. Malheureusement, plus le temps s'écoulait, plus la pression de voir ses enfants ne commençait à peser sur moi. Et en revanche, je faisais de mon mieux pour m'en passer, mais je dois reconnaître que la pression était bien réelle.

On peut tout dire, mais il faudra préciser que chez nous, les enfants appartiennent à leur père et surtout que mes filles portaient bel et bien le nom de leur père. Je me rappelle encore une fois, ma mère est venue me rendre visite et au sortir de l'appartement, elle me rappela que les enfants avaient besoin de leur papa.

Un dimanche, tard dans la soirée, j'ai reçu l'appel de Guy-Patrick. C'était en fait un message sur mon téléphone portable m'informant qu'il devait descendre incessamment à Matadi. Je le pris tout de suite pour une blague. Pourtant une telle annonce me plongera dans l'insomnie. Toute la nuit, je me suis posé une tonne de questions sans réponses, imaginant comment cela allait se passer, surtout qu'il ne m'avait rien dit sur le moyen de transport qu'il allait emprunter pour venir. Je ne savais donc si je devais me rendre à la gare, à l'aérogare ou l'aéroport de Tshimpi.

J'étais alors embarrassée, troublée, ignorant même le jour de son arrivée. Puis deux jours plus tard, je recevrai sur mon téléphone un appel provenant d'un numéro non identifié. Timorée, j'hésitais à prendre cet appel, vu que je ne prenais que rarement les numéros non inscrits dans mon répertoire. Mais une voix intérieure me dira de décrocher, convaincue que ça ne saurait être que Guy-Patrick qui avait l'habitude de m'appeler avec un numéro non identifié.

Et ce fut exactement le cas. Il était à l'autre bout du fil pour confirmer qu'il était bel et bien à Matadi depuis une heure et demie. Il était logé dans un hôtel de la place, au centre-ville. Il est 13 h 18 à la fin de notre conversation. Le rendez-vous était donc pris pour après le service. Je devais le rejoindre là où il était logé. Toutefois il surviendra un certain retard dans cette planification parce que je devais assister à une grande réunion de service une heure après notre entretien. Je connaissais l'heure du début de la réunion, mais je ne maîtrisais pas l'heure de sa fin, puisque c'était une réunion au cours de laquelle devaient être prises de grandes décisions impliquant la vie et l'avenir de l'entreprise.

Pendant toute la réunion, j'étais dans les airs, comme pour dire que le corps était dans la salle, les pieds aussi, tandis que les yeux et la pensée vagabondaient ailleurs, à telle enseigne que certains points des débats m'échappaient.

À 19 h 27 lorsque la réunion prit fin, j'évitais les causeries qui en faisaient naturellement suite pour chercher mon téléphone et l'appeler pour lui confirmer que j'étais en route. Toutefois, même si j'étais obligé de zapper les causettes *after meeting*, je n'avais pas assez de temps à consacrer à mon mari. Je ne devais en avoir que pour une heure, considérant qu'il était prévu à 20 h 30, une réception en l'honneur du Président du Conseil d'administration en séjour à Matadi dans le cadre de la grande Assemblée générale. C'était une journée épuisante et stressante, en tout cas !

J'arrivai finalement à l'hôtel où je trouvai Guy-Patrick en compagnie d'un de ses meilleurs amis et je vais l'embrasser avec joie, car ça faisait un long moment qu'on ne s'était pas vu. Curieusement il était un peu froid, mais arborait un petit sourire qui, comme je le connais, cachait bien des choses. Et comme son ami était là, c'était tout à fait normal que je fasse l'hypocrisie puisqu'entre nous, nous le savions, les choses n'étaient pas au beau fixe.

« Tu as pris trop de poids, c'est la belle vie ici ! » commença Guy-Patrick avec un air pince-sans-rire et taquin.

Et sans qu'on puisse me présenter une chaise, je réagis directement en ces termes, inconsciemment peut-être, mais avec un peu d'arrogance, ignorant les effets de mes propos : « Lorsqu'on a un bon travail, tout se tient : la santé, la quiétude, la bonne vie et le reste. Je ne me plains de rien ici. D'ailleurs, mon temps est précieux. Je suis encore attendue dans moins d'une heure à une cérémonie en l'honneur de notre

Président du Conseil d'Administration qui est présentement dans la région. »

Cette réplique énergique et chirurgicale changea aussitôt l'humeur de Guy-Patrick, mais Zaze, son ami, fit juste un rire aux éclats et lança un cri : « cessez le feu ».

Nous nous mîmes ensuite autour d'une table à deux extrémités répulsives, un clivage comblé par la tempérance de Zaze qui essaya de jouer tant soit peu au trait d'union. Et ce dernier ouvrira le débat en ces termes :

« Belle-sœur, je suis venu sur invitation de mon frère et ami Guy-Patrick qui a tenu à ce que je sois là, car il estime important qu'il y ait quelqu'un pour vous départager, étant donné que vos violons ne semblent pas s'accorder depuis ton retour de l'Europe. Ainsi, je préfère donner la parole à ton mari. »

Merci pour la parole accordée, cher frère, lancera d'entrée Guy-Patrick. Comme je te l'avais bien dit depuis que j'étais à Kinshasa, Bernadette a perdu la tête et je ne la maîtrise plus. Pendant qu'elle était en Europe, j'avais eu une offre d'emploi et il m'a été demandé d'aller à Kinshasa. Évidemment, je ne gagne pas des millions, mais il y a une nette amélioration par rapport à ce que je faisais comme travail ici à Matadi. Aussi, avec cet emploi, je bénéficie d'autres avantages entre autres, le logement, le véhicule de service, pour ne citer que ceux-là.

D'ailleurs, pour ton information, Bernadette a effectué ses démarches de voyage à mon insu. Ce n'est que quelques heures avant son voyage que je serai informé. Mais en dépit de cela, je me suis contenu, bien qu'elle ait avancé des arguments qui à mes yeux étaient partiellement probants et discutables.

Elle était informée de cette offre et savait bien que j'avais déménagé pour Kinshasa. Aussi, je lui avais demandé de s'organiser et de prendre des dispositions depuis l'Europe concernant son emploi, car je ne me voyais plus vivre à Matadi où mon expertise et mon travail n'étaient pas reconnus.

Demande-lui si elle a fait ce que je lui ai demandé, car aussitôt arrivée à Kinshasa, elle devait se rendre à Matadi pour déposer sa démission et retourner me rejoindre. Mais voilà bientôt plus d'une année qu'elle est à Matadi et que je n'ai plus jamais revu mes enfants. En plus, elle se déplace et voyage sans que je sois informé. Tantôt j'apprends qu'elle est à Moanda, tantôt en Afrique australe, etc.

Qu'est-ce que je t'ai fait pour devenir ainsi ? Qu'ai-je fait pour mériter cette torture ? Quand est-ce que tu me donneras la paix ? Les gens me ridiculisent et se moquent de moi à cause de toi, mais je tiens le coup ! Tu as la mémoire courte, tu as oublié tous nos projets ?

Aujourd'hui, j'ai besoin de connaître ta position définitive et je saurai à quoi m'en tenir. Je prendrai ainsi mes dispositions définitivement, car trop, c'est trop ; j'en ai assez !

Dès qu'il eût fini sa déclaration, son ami Zaze, qui jouait quasiment le rôle de modérateur, lui reprendra la parole pour me la donner, en posant en passant ces questions : « Bernadette, as-tu suivi ton mari ? À cet instant, je ne sais pas encore commenter, car tout est clair, bien dit et bien exprimé. Aurais-tu quelque chose à rectifier ou préciser ? »

Et en prenant la parole, j'ai senti l'énervement m'envahir, une haine que je n'arrive à expliquer jusqu'à ce jour. Ce qui a fait que je fusse courte brève dans mes propos.

« Je pense tout avoir dit à Guy-Patrick. Je ne vais pas rentrer à Kinshasa et perdre mon emploi pour aller trimer avec mes adorables enfants. Je dois m'épanouir professionnellement et me retrouver pour une fois dans ce que je fais comme travail. Il n'est pas question de jeter à la décharge mes titres académiques obtenus après des années d'abnégations et de durs labeurs. Je ne voudrais pas me réduire seulement à des taches de ménagère : pondeuse, aubergiste et blanchisseuse. Pour certaines de ces taches, une domestique fera l'affaire. Voilà tout ce que j'ai à dire. Et je martèle que vous n'arriverez jamais à me faire changer d'avis. »

Dès que je finis de donner ma position, son ami Zaze interviendra en ces termes :

« Je sais que pour le moment vous réagissez à chaud, et je pense qu'il importe que je vous accorde un peu de temps, en attendant que les esprits reviennent en place. Mais ce que je vous demande pour le moment, c'est de noter qu'"Ignorance et arrogance ne riment pas seulement, ils vont souvent de pair." C'est un adage que j'ai toujours en moi. Ignorance parce que vous ne connaissez pas ou ignorer les implications de votre égocentrisme et arrogance. Demain, vous risquez de le regretter. À mon humble avis, il n'y a rien de dramatique et c'est une matière qui peut trouver volontiers une solution, à condition de mettre de côté vos intérêts personnels. Ainsi, je propose que nous puissions nous retrouver demain dans la soirée, au même endroit et à la même heure, afin de continuer nos pourparlers. »

Et comme il avait ouvert ces pourparlers aux allures de guerre, Zaze s'arrogera l'honneur de clore le débat. N'ayant pratiquement plus rien à faire en ce lieu, je devais repartir au plus vite, car une cérémonie professionnelle m'attendait. Je me suis alors levée pour leur dire au revoir, puis d'un bond, je sortis. Le chauffeur m'attendait devant le véhicule, la portière de derrière ouverte, et après que je montai à bord, il referma la portière.

Dans la matinée du jour suivant et à mon insu, Guy-Patrick rendit visite à mes parents. Une visite effectuée sous forme de plainte contre ma personne. En effet, il voulait que mes parents soient finalement au courant de tout ce qui se passait entre nous depuis un certain temps. Puis le soir, comme d'habitude, je rendrai à mon tour visite à mes parents. Évidemment avant d'y arriver, j'étais passée dans un supermarché en vue de leur acheter leur provision hebdomadaire, juste de petites choses essentielles pour le déjeuner, car la grande provision était toujours faite par mon chauffeur sur base d'une liste que je lui confectionnais.

Il était 19 h 32 quand j'y arrivai, et c'est ma mère qui m'accueillera, papa étant allongé devant la télévision, l'esprit concentré sur les actualités comme il en avait l'habitude. Je me rappelle encore du moment de mon adolescence lorsqu'il me demandait de lui faire le compte rendu du journal télévisé.

« Ah ! Bernadette, me dira ma mère en guise de mot de bienvenue, tu as bien fait de nous rendre visite, car ton père et moi avons justement besoin de te parler. »

« Ah bon ! Sur quel sujet ? » répliquai-je.

« Notre beau-fils était passé ce matin. Pourquoi ne nous as-tu pas informés de son arrivée ? » ajouta ma mère en me demandant d'attendre afin d'en parler avec mon père une fois qu'il aura terminé de suivre les actualités télévisées.

Et en attendant que mon père termine avec les infos, nous parlerons de tout et de rien avec ma mère. Des histoires des femmes qui tournent autour des enfants, du rythme du travail qui m'empoisonnait, etc. Quelques minutes plus tard, je vis mon père sortir du salon avec un air un peu étonné. Et j'ai vite réalisé qu'il n'était pas au courant de ma présence.

Après qu'il prît place et sans attendre une seconde, j'aurai droit à un interrogatoire nourri, comme si j'étais devant un officier de police judiciaire en train de prendre ma déposition sur procès verbal.

Bernadette, commença-t-il, tu es la bienvenue chez moi. Je comptais t'appeler moi-même comme je l'avais signifié à ta chère maman ce matin. En effet, ton mari, le père de tes enfants, est passé dans la matinée pour nous annoncer qu'il venait d'arriver à Matadi et, à l'occasion, il nous a fait part de ses plaintes et inquiétudes. J'étais quand même sidéré d'apprendre ce qu'il me racontait en attendant d'écouter l'autre son de cloche.

Mais dans tous les cas, cela m'est tombé dessus comme un tonnerre, car je ne pouvais pas croire que c'est de toi dont on parlait en mal. Je n'en revenais pas et je ne retrouvais pas à travers les propos de ton mari la Bernadette que j'ai connue. Sincèrement je ne reconnais plus cette Bernadette-là qui vantait son mari et l'appelait l'homme de sa vie. Vous étiez autrefois amis et étudiants, et à cette époque j'avais appris combien tu aimais ce garçon qui n'était encore qu'un copain, pour ne pas dire un fiancé, combien tu utilisais ton argent de poche pour l'épauler. Puis après la célébration de votre mariage, quand vous mettiez un pied dans la vie active, vous vous êtes serré les coudes en faisant des sacrifices, et bien que secoués par les turbulences inhérentes de la vie, vous aviez tenu bon. Tout cela, je l'ai vu de mes propres yeux.

Cependant aujourd'hui je suis surpris que tu deviennes rebelle, oubliant et jetant tout derrière toi à cause de ton travail qui soi-disant te réussit, voyageant aussi des fois par surprise comme une voleuse et mettant ton mari devant des faits accomplis. En plus, je note que tu ne dis plus la vérité, car nous croyions tous que ton mari allait revenir à Matadi comme tu l'avais bien déclaré. Pourtant le concerné nous dira le contraire. Autre chose, pourras-tu nous dire comment tu t'es procuré la Jeep que tu as présentement ?

Voilà autant des zones d'ombre aux yeux de tous : ton mari et nous. Dis-moi, Bernadette, que tout ce que j'ai appris est faux !

Telle a été l'introduction de mon père qui voulait avoir ma bonne version de choses. Cependant avant que je n'ouvre ma bouche pour réagir à ces accusations, ma mère ouvrira la sienne pour glisser ceci :

« Papa, le mari de notre fille est un obstacle à sa carrière qui présage un meilleur avenir. Il est jaloux de sa femme, et je ne permettrai pas que notre fille aille souffrir à Kinshasa pendant qu'elle a un bon travail ici… »

Elle voulait continuer, mais mon père l'arrêtera net. C'était la première fois que je vis mon père se mettre en colère. Et je réalisai que mes parents étaient totalement en désaccord, parce que papa lui assenera une réplique dure et terrible, la qualifiant d'irresponsable, mauvaise maman… Et de mon côté, je serai écartelée entre la crainte et la honte. La crainte de sa réaction énergétique à laquelle je devais réagir sans savoir quels termes adéquats utiliser pour réagir à ses propos ; mais aussi la honte de voir ma mère humiliée, amoindrie et diminuée devant moi. Je n'avais jamais vu mon père dans cet état-là.

Il me regarda dans les yeux et je vis cette colère qui transparaissait à travers les siens. Puis il lâcha une phrase aux allures d'ordre : « Vas-y et réponds-moi ! »

J'avais des sueurs froides et étais obligée de répondre, ne sachant par où commencer, j'ouvris quand même ma bouche :

« Oui, Papa, j'ai essayé de faire voir à Guy-Patrick les avantages que j'avais avec mon emploi et lui avais demandé d'abandonner son travail pour rentrer à Matadi. Avec ce que je gagne, je peux m'occuper de lui jusqu'à ce qu'il trouve mieux. Mais il n'a pas voulu m'écouter. Étant donné qu'il n'a pas assez de moyens de subvenir convenablement à nos besoins, je ne trouve aucune raison de rentrer à Kinshasa. C'est ce que je lui ai clairement dit. Les choses ont changé et le monde a évolué. Si une femme travaille, c'est aussi un avantage pour son mari. La vie est devenue intenable et la conjoncture difficile. Guy-Patrick ne veut pas ouvrir l'œil et le bon en vue de regarder le côté positif des choses ; c'est là, le nœud de notre problème ».

Et à Papa de réagir :

Depuis quand est-ce qu'une femme demande à son mari d'abandonner son travail pour se faire prendre en charge par celle-ci ? C'est-à-dire que tu lui demandes de tout abandonner pour te suivre. Connais-tu le Code du travail et la Bible ? Es-tu chrétienne ou païenne ? Ou bien c'est l'émancipation, ou mieux la parité tant clamée par les femmes d'aujourd'hui, qui te pousse à réagir et à te comporter de la sorte.

Tout mari sérieux et responsable n'acceptera jamais ce que tu demandes. Peut-être en Europe, mais ici en Afrique, cela ne passe pas. Ce que je vais te demander, c'est de suivre ton mari, donc de demander à ton employeur de te muter à Kinshasa. Vous y avez une représentation, n'est-ce pas ? Alors, suis mon conseil, sinon, tu perdras ton mariage.

Je te donne quarante-huit heures pour résoudre ce problème, car en tant que père, je ne voudrais pas essuyer des moqueries et railleries me traitant de père irresponsable. On n'est pas armé de la même manière, je ne supporterai pas ce genre de situations. Je ne te reconnais pas, ma fille, et ce n'est pas ma semence que je découvre en toi. Rendez-vous dans quarante-huit heures.

Après avoir dit ces mots, mon père me tourna le dos et rentra à la maison. Je me retournai alors vers ma mère qui me gratifia d'un rire jaune tout en disant : « Ton père ne comprend pas la réalité des choses et laisse-lui le temps. Il finira par épouser ta position. Bon courage ! »

Ainsi, pétrifiée, sans dire un mot, je repris mon sac et mes téléphones laissés sur le tabouret puis sortis de la parcelle. Ce fut une journée pleine de méditation et dans mon for intérieur, je me disais que les gens étaient contre moi, que le monde était méchant. Comment avaler l'idée d'abandonner mon travail, juste au moment où l'élévation tant entendue et recherchée dans ma carrière professionnelle me déroulait un tapis rouge ?

Dans ma tête se mirent à défiler un enchevêtrement de questions et un chapelet de réponse allant en l'encontre de ce que les gens me demandaient de faire. Je me disais alors qu'avec mon emploi, j'étais à l'abri du besoin et je pouvais vivre heureuse avec mes enfants. D'où, pourquoi ne devais-je pas me passer de mon mari que je commençais à qualifier d'égoïste, de méchant, d'antipathique et de tous les noms d'oiseaux ?

Il y avait trop de matières à controverse avec les uns et les autres, car apparemment les gens ne semblaient pas me comprendre. Aussi, je me disais que certaines occasions ne reviennent pas deux fois dans la vie. Il fallait profiter au maximum une fois pour toutes de cet emploi.

Entre temps, dans la soirée, mon téléphone était en train de vibrer, Guy-Patrick appelait. Cependant comme je n'étais pas dans mon assiette, j'avais décidé de ne pas prendre son appel. Ensuite, avec ma tête qui tournait, je prendrai des antidépresseurs afin de dormir paisiblement. Pourtant j'en avais pris à fort dosage, mais le sommeil ne m'emportera que très tard dans la nuit. Ce qui fit que ce jour-là, je n'eus que deux heures de sommeil avant d'en être tirée par le réveil posé au chevet de mon lit.

J'étais tiraillée par des options opposées qui me proposaient chacune de leur côté, un de choix qui ne cachait pas le dilemme, me préoccupant au point de douter. D'un côté, des amis m'encourageaient à camper sur ma position, donc de garder mon travail, tandis que de l'autre, mon père me rappelait son ultimatum. Puis l'idée de demander un congé de circonstance afin de bien gérer ce problème me passa par la tête et je la saisis pour prendra une semaine de congé.

Le soir, j'appellerai Guy-Patrick pour lui dire que je serais à son hôtel dans plus ou moins une heure, et il accepta. Bien qu'il s'y trouvât, il me fera croire qu'il était ailleurs et qu'il allait faire de son mieux pour rentrer avant mon arrivée.

Mais avant cela, je me dirigeais d'abord chez mon père, compte tenu de l'expiration de l'ultimatum et par respect vis-à-vis de lui, mon géniteur, afin de lui donner ma position, une position que moi-même n'arrivais pas vraiment à assumer et expliquer. Ma bouche et mon cœur n'étaient pas au même diapason, des divergences d'opinions apparaissaient à l'intérieur de moi-même. Le cœur était en parfait désaccord avec ce que débitait la bouche. Je n'étais plus équilibrée. En réalité, je me sentais divisée en moi-même.

Mon père était absent, mais avait laissé un mot à ma mère, me demandant clairement de lui transmettre ma position par son entremise. J'ai compris que mon père, tellement énervé, voire déçu, ne voulait même pas me rencontrer. Le dialogue était ainsi rompu pour ce temps-là avec lui, mais je donnerai ma position malgré tout. J'étais brève dans mes propos, chargeant ma mère à dire à son mari que j'acceptais de descendre à Kinshasa avec Guy-Patrick et les enfants.

Aussitôt donnée ma position, je passerai ma route pour me diriger au rendez-vous de Guy-Patrick qui m'attendait déjà. Il m'appellera même entre temps pour dire qu'il venait d'arriver à son Hôtel. Et cette fois-là, quand j'y arrive, il était seul. Son ami Zaze n'était pas là. Contrairement à la fois passée, je l'ai trouvé un peu serein. Il m'embrassa chaleureusement tout en me demandant comment j'allais, et je lui répondis que tout allait doucement, car j'évitais la confrontation. Il fallait négocier avec lui afin que l'atterrissage se fît en douceur et sans anicroche.

Ouvrant le dialogue, Guy-Patrick me dit : « Comment vas-tu ? Et comment se portent nos jumelles ? »

Un chapelet de questions sous forme d'interrogatoire et qui attendait des réponses claires et nettes. Et sans tarder, avec un semblant de bonne humeur, car il fallait gérer la situation, je lui répondis :

« Je vais bien, le travail me fatigue et je viens de prendre quelques jours de congé. Nous irons à Kinshasa, toi, moi et les enfants. Je prendrai des dispositions pour que la domestique vienne aussi avec nous. Et toi, comment vas-tu ? Quand retournes-tu à Kinshasa ? »

À cette réponse, le visage de Guy-Patrick rayonna d'un bonheur que je n'avais plus vu depuis fort longtemps. Il était joyeux et comblé. Et j'en revis nos premiers moments, pendant que nous étions tous très jeunes.

Il m'annoncera par la suite qu'il comptait rentrer à Kinshasa dans deux jours, et je lui dirai immédiatement que je ne retournerai plus dans mon appartement, mais que j'allais rester avec lui et passer le reste de ces jours dans son hôtel.

Oui, il était acquis que nous allions descendre à Kinshasa. Mais en dépit de tout, le suspens restait entier, car je lui avais promis d'en parler à Kinshasa afin de trouver une solution durable.

À la veille du départ, j'ai pris soin de prévenir mes parents sans entrer dans les détails que je partais à Kinshasa avec Guy-Patrick, les jumelles et la nounou. Cette dernière nous accompagnait en vue de veiller sur les enfants et leur apporter son aide en tout et pour tout, son assistance ainsi que sa sécurité en toutes circonstances pendant mon absence.

La route était longue et nous sommes arrivés tard dans la soirée, mais l'essentiel étant d'arriver dans de bonnes conditions et en parfaite santé malgré les quelques accidents que nous avions vus durant notre voyage.

À Kinshasa, le climat semblait détendu, mais c'était un calme apparent et précaire. Il y avait de l'hypocrisie dans nos actes conviviaux, mais à l'intérieur de nous-mêmes, nous savions que les choses n'étaient pas au beau fixe. Les personnes qui ne m'avaient pas vu ainsi que les jumelles, et ce, depuis notre retour à Kinshasa, en provenance de Bruxelles, venaient aussi nous rendre visite. Les jours passaient vite et la date de mon retour à Matadi commençait à retentir dans mes oreilles et à me stresser ; mais qui devait crever l'abcès ?

Je faisais le gros dos, mais en réalité, c'est moi qui devais m'expliquer, car la semaine de congé que je m'étais tapée devait être justifiée. Guy-Patrick, lui, faisait comme si tout allait bien et rien ne le dérangeait. Cette attitude, non seulement ça me rongeait, ça ne me mettait pas non plus dans mon assiette. Et je ne savais quoi faire pour amorcer ce dossier. J'aurai bien voulu que Guy-Patrick sache tout ce que je reniflais, cependant il restait très hermétique. J'ai souvent eu du mal à savoir ce qu'il pensait ou projetait.

Deux jours avant la date de mon retour, un bon matin, je me suis décidée à l'approcher en lui disant que j'avais à lui parler. Il me répondit qu'il avait une course à faire de toute urgence et qu'à son retour, nous parlerions. Deux heures plus tard, il était de retour, puis me demanda de quoi il s'agissait. Je pris la parole avec humilité, car j'avais tout intérêt à le convaincre. Notre entretien dura deux heures, mais en fin de compte Guy-Patrick refusa de me concéder le retour à Matadi. Pour lui, ce n'était pas l'argent qui faisait le bonheur, mais plutôt l'amour qui se traduisait en plusieurs facteurs pour l'équilibre et l'harmonie d'un foyer. Cela me rappela sa phrase célèbre qui disait que tout projet qui mettrait en danger la vie et la survie d'un foyer était à abandonner.

Moi, je lui montrais que je n'étais pas d'accord avec ses propos, insistant sur le bon côté des choses et lui répétant sans cesse que j'étais tellement différente des autres femmes que le mal ne pourrait en aucun cas arriver. Je lui fis même un projet sur le schéma de financement de notre foyer sur base de mes revenus (alors qu'en réalité, moi-même jusque-là, je ne voyais que mes enfants). Et il s'énerva aussi pour montrer que lui, en tant qu'homme, ne pouvait croiser les bras et tout attendre de la femme. Pour lui, ce n'était juste qu'un inacceptable aveu d'irresponsabilité et de la malédiction.

Pendant ce temps, nos discussions se poursuivaient. Il donnait des répliques de plus en plus dures au fur et à mesure que j'avançais avec mes argumentations qui apparemment ne tenaient pas et n'avaient aucun soubassement, tant juridique – par rapport au code de la famille du pays – que spirituel – par rapport à notre spiritualité.

Le débat était houleux à telle enseigne qu'il s'est terminé en queue de poisson. Guy-Patrick persistait dans sa position et me demandait catégoriquement de rester à Kinshasa. Tout ce qu'il était prêt à m'accorder, c'était de me rendre à Matadi en vue de rendre ma démission. Et pour ce faire, je devais laisser les enfants et la nounou avec lui, dans l'espoir de retourner à Kinshasa aussitôt ma démission acceptée.

La situation devenait plus compliquée que je ne le pensais. Comme la communication passait de moins en moins, j'endurcissais mon cœur et commençais à lui rendre la monnaie de sa pièce. Il ne voulait pas me comprendre, alors moi non plus je ne le comprenais plus jamais, me disant que par rapport à notre foi, je n'ai jamais vu nulle part dans la Parole de Dieu où il est interdit à une femme de travailler hors du foyer. C'est comme si ça devenait une condamnation pour moi et que je n'avais pas la liberté de choix et de faire ce que j'avais envie de faire. Au-delà de tout, je voyais les avantages de mon emploi partir en fumée, et je répugnais l'idée de revenir à la case départ.

Pour une fois, Guy-Patrick était dur dans ses propos et dans ses prises de position. Il ne voulait même pas que le débat s'éternise, car il s'était mis en position de chef de famille. Mais je ne pouvais aussi lui dire tout haut que ma motivation était aussi basée sur le fait que mon travail, avec les revenus générés, me permettrait de pourvoir aux besoins de mes parents.

Guy-Patrick, je pense, ne voulait pas faire progresser ma carrière ou carrément était contre celle-ci, et moi aussi, je ne voulais pas non plus perdre le standing avec lequel j'étais déjà habituée.

Coincée par cette menace et par cette décision, je me voyais entre le marteau et l'enclume. D'une part, les enfants étaient déjà bloqués par leur père, et d'autre part, une décision était tombée aussi pour la nounou qui ne pensait pas aussi être mutée à Kinshasa et avec qui il fallait déjà négocier les termes du contrat, car engagée à Matadi. Mais sa charge me revenait de droit ; c'est ce que j'avais essayé de comprendre entre les lignes.

Finalement, Guy-Patrick se montrera un peu large en me donnant six mois pour trouver une solution définitive et regagner Kinshasa une fois pour toutes. De cette discussion, j'ai compris que Guy-Patrick non seulement avait soupçonné, mais aussi confirmé davantage mon attachement outré à mon emploi et à des choses bassement matérielles. Il me disait tout doucement que j'accordais trop d'importance à des choses éphémères qui, une fois parties, me décevraient un jour, et que je pourrais tout perdre à cause de cette envie démesurée.

Le débat était clos, il fallait donc passer à l'étape suivante celle d'exécution des ordres de mon mari malgré le pincement et, par moment, la colère. La nounou, quant à elle, n'avait pas posé aucun problème. D'ailleurs, elle était heureuse de découvrir la capitale dont elle avait tant entendu parler et qu'elle avait toujours enviée par rapport à Matadi. Seulement que son salaire qui était à ma charge devait être revu, étant donné la délocalisation de son lieu de travail.

Le temps pressait, car je devais rentrer à Matadi, et en même temps il fallait tout organiser : la chambre de jumelles à meubler et à équiper, le shopping, la provision pour la sécurité alimentaire des jumelles, bref tout passer au peigne fin afin que mon mari, les jumelles et le reste soient en ordre.

Avec mon mécontentement intérieur et silencieux, je me plongeais déjà dans l'hypocrisie dans mes relations conjugales, car ne trouvant pas mon compte dans ce scénario où je devais tout abandonner au nom de l'amour et de mon mari. Ce qui me dérangeait le plus était mes enfants qui devaient rester à Kinshasa alors que je ne savais pas encore quelle décision prendre par rapport à la sentence de Guy-Patrick. J'étais tiraillée et me trouvais dans une mauvaise posture.

Le jour suivant, un bon dimanche, je me rendis à l'aérodrome de Ndolo pour prendre un petit porteur de type LET L-410 Turbolet qui, à mon humble avis, est un des bels avions de transport biturbopropulseur de 19 places. Guy-Patrick m'accompagna et tout s'était passé dans le calme. Nous nous sommes séparés juste avant l'embarquement, et amoureusement, nous nous sommes dit : au revoir !

Après quarante-cinq minutes, j'atterrissais à Matadi. Mon chauffeur m'attendait déjà à l'aéroport de Tshimpi pour me prendre et me conduire à mon domicile qui, du reste, serait désormais désert étant donné que les jumelles et la nounou étaient restées à Kinshasa. Cette nuit-là, je me sentis encore plus seule que jamais, moi qui étais habituée, dès mon retour du travail, à m'occuper de mes jumelles et recevoir le rapport de la journée auprès de la nounou. Avant de me coucher, j'appellerai Kinshasa à trois reprises : une fois, mon mari et deux fois la nounou ; le premier pour lui informer que j'étais bel et bien arrivée, et la seconde pour avoir les nouvelles de mes fillettes.

Les jours passaient, je m'habituais avec ma solitude à la maison et me sentais plus à l'aise au travail. Néanmoins je ne passais pas un seul jour sans que j'appelle Kinshasa pour avoir les nouvelles de la famille. Et de temps en temps, mes parents me demandaient comment allaient mon mari et les enfants, mais, tel que j'avais compris, ces questions ne constituaient qu'une manière détournée de sonder mon cœur, de savoir quand est-ce que j'allais rejoindre ma famille à Kinshasa.

Un jour en plein service, une collègue que je connaissais depuis ma tendre enfance puisqu'on habitait le même quartier, et qui était aussi gradée que moi, entra dans mon bureau pour me demander un document. Après que je le lui remis avec détails et explications, elle en profita pour s'asseoir juste en face et me tenir ce discours :

« Quelles sont les nouvelles des jumelles et leur papa, ton cher mari ? Sont-ils toujours à Kinshasa, loin de toi ? Il faudrait ouvrir l'œil et le bon, tu laisses ton mari à la proie de vautours de la capitale. Tu risques un jour de pleurer. J'en sais quelque chose et je ne fais plus confiance aux hommes. Je vis ma vie comme bien et bon me semble. Je suis libre de tout, alors de tout ! Fais ta vie, chère Bernadette. Guy-Patrick fait déjà la sienne à Kinshasa. »

Je n'avais pas de réponses à lui donner en cet instant-là. Je lui fis juste un sourire servant à lui dire que j'avais du travail, une façon de la chasser de mon bureau sans arriver jusqu'à ne lui fournir aucune explication.

Cependant son constat était réel et pertinent, car j'avais laissé mon mari à Kinshasa alors que j'avais le choix de le rejoindre rapidement et quand je voulais. Tout dépendait de ma décision. Mais d'autre part, ses propos m'ont perturbée. Elle vivait sa vie comme bon lui semblait. Elle n'avait donc plus de soucis et n'était tiraillée par aucune pression, fût-elle familiale ou conjugale. En voilà au moins une dame à avoir traité cette question sans en subir un mauvais coup ! Et ces phrases revenaient temps à autre dans ma tête, s'il ne faut pas dire qu'elles la faisaient tourner.

C'est vrai que les personnes que nous côtoyons régulièrement peuvent constituer une occasion de chute ou nous booster positivement. C'est-à-dire qu'une relation ou une amitié peut perturber le cours de notre vie. Le comble est que c'est avec elle que je commençais à prendre ma pause. Jour après jour, on échangeait et on discutait de plus en plus. Elle me racontait sa vie qui se ressemblait à certains égards à la mienne. C'était une dame friquée, libre et qui vivait seule avec ses trois enfants. Puis, du fil en aiguille, à force d'être avec elle, je commençais lui ressembler et à copier sa façon d'être.

Elle m'inculquait pour ainsi dire des idées révolutionnaires qui n'étaient qu'en gestation en moi. Ses discours et sa façon de voir les choses tournaient autour de la parité, de l'émancipation, du genre… En bref, elle remettait en cause tout le statut de la femme qui, selon ses harangues, n'était qu'une victime de toutes les conventions sociales, professionnelles, traditionnelles et même spirituelles. Et pour afficher au monde son indépendance acquise, elle vivait entre deux soirées et fêtes de grande envergure où elle mettait en valeur son charme aiguisé, sans être obligé de rendre des comptes à personne. Et comme la vie n'est qu'une application de la théorie des vases communicants, un corps chaud réchauffe n'importe quel corps froid qui se trouve en son contact, elle me donnera le goût des réseaux sociaux où l'on étale aveuglement si facilement sa vie dans le but, soit de se défouler, soit d'attirer je ne sais qui.

Pour elle, les hommes n'étaient qu'une source de financement de ses différents projets que je n'avais d'ailleurs jamais vus se réaliser. Accro au luxe, elle ne fréquentait que les places huppées : boutiques d'habillement, salons de coiffure, restaurants… Et tout cela à la charge de ces hommes avec qui elle sortait, bien qu'elle touchait le salaire d'un cadre d'entreprise.

Un bon week-end vers 20 heures, pendant je dévorais un livre, mon téléphone sonna et je reconnus son numéro que j'avais enregistré dans le répertoire.

« Que fais-tu à cette heure ? Est-ce que ça te dirait de venir prendre un pot avec moi ? Ne t'inquiète pas, ça sera à mes frais, et réjouis-toi en avance, car je t'offre l'occasion de faire la connaissance d'autres personnes plus cool. »

Elle avait tellement insisté que je me suis dit, par politesse, que j'avais tout à gagner. Quelques minutes plus tard, j'avais débarqué sur l'endroit indiqué dans un quartier chic de la ville. C'était un restaurant dont la nourriture et la qualité de service n'avaient pas d'égal dans la région. Elle folâtrait au milieu de deux messieurs, l'un était un grand opérateur économique tandis que l'autre était un grand acteur politique. Tous jouissaient d'une certaine notoriété dans la ville.

L'ambiance était bonne d'autant plus que nous avions survolé tous les sujets brulants de l'heure et d'actualité du pays. Des débats très enrichissants avec ces personnalités qui connaissaient le pays avec toutes ses réalités, cela ne pouvait me laisser que perplexe. Et c'est ainsi que je fis la connaissance de Martin – l'opérateur économique – qui avait réussi à privatiser toute mon attention. Il était plus âgé que moi, et après cette rencontre, nous commencerons à nous appeler pour échanger des nouvelles. C'était quelqu'un de doux et attentif. Petit à petit, avec la bénédiction et les encouragements de ma collègue, il franchira le cap de me rendre visite à la maison. Je voyais venir le danger pour mon foyer, mais je m'y inquiétais de moins en moins, car jusque-là, je tenais bon et ne pensais même pas céder, au risque de détruire mon foyer.

Pendant ce temps à Kinshasa, Guy-Patrick m'appela pour annoncer qu'il venait d'être nommé Directeur de cabinet du ministre. Après le réaménagement du Gouvernement, un éminent professeur qu'il avait connu à l'université et que moi aussi je connaissais bien, avait fait appel à ses compétences. Il œuvrait donc dans un ministère qui entrait parfaitement dans son profil. Et c'est là que les choses avaient basculé, puisque je n'avais plus aucune raison de rester à Matadi. Le revenu mensuel de Guy-Patrick avec tous les avantages était présentement largement supérieur au mien. Mais je lui avais dit que les fonctions politiques étaient éphémères et que nous ne pouvions pas bâtir notre vie en ne comptant que sur celles-ci. Comme les six mois n'étaient pas expirés, j'avais encore une marge de manœuvre.

Mais mes argumentaires devraient en principe tomber caduque et sans valeur. Je continuais à vivre ma vie en province avec mon travail qui me prenait du temps comme d'habitude. Avec ma collègue et nos diverses sorties, je me faisais de plus en plus des connaissances : célibataires, mariés, veufs et veuves… Tous s'inscrivaient dans mon carnet d'adresses. L'essentiel était de passer un bon moment ensemble, d'échanger avec des personnes que l'on découvrait, et surtout de déguster de nouveaux plats.

Mine de rien, la vie des restaurants était devenue mon lot. Plus d'une fois par semaine, nous nous retrouvions dans le décor chaleureux des restaurants gastronomiques opulents et étoilés de la ville en bonne compagnie.

Un vendredi soir vers 21 heures, alors que j'étais au restaurant avec des amis, Guy-Patrick m'appela pour m'informer qu'une des jumelles avait fait une fièvre. Cependant, j'étais plongée dans l'ambiance de la conversation que je n'entendais pas sonner le téléphone. Puis la collègue, assise à mes côtés, me donna une petite tape pour me le faire remarquer. Je sursautai pour entendre la voix très en colère de Guy-Patrick.

« Allô ! Bernadette ? Où es-tu avec tout le bruit que j'entends ? Plus d'une fois, j'appelle et tu ne décroches pas ! »

« Je suis au restaurant avec les collègues de service, lui répondis-je. D'ailleurs, je m'apprête à partir. Quelles nouvelles ? »

Et à Guy-Patrick d'ajouter : « Je n'ai plus de tes programmes de la journée et tu fais tout ce que tu veux. Tu n'as plus besoin de mes avis. Je ne te reconnais plus, Bernadette ! Je t'ai appelé pour t'informer que Céleste fait une forte fièvre avec convulsion, et nous sommes déjà à l'Hôpital. Le médecin l'a retenue en observation. Les résultats ne sont pas encore sortis. Voilà tout ! »

Du coup, mon humeur changea et les gens qui étaient autour de moi constatèrent ce changement d'attitude. L'amie qui était juste en face, et avec qui je venais à peine de faire connaissance, me demanda : « Bernadette, qu'est-ce qui ne va pas ? »

Je lui répondis que mon mari venait de m'annoncer que ma fille est hospitalisée et que sa situation était préoccupante. Elle me regarda d'un air inquiet et compatissant en disant : « Mais tu dois vite rentrer à la maison et les rejoindre à l'hôpital ».

J'ai compris alors qu'elle ne connaissait rien de ma situation. Elle pensait que ma famille se trouvait sur place, alors qu'elle était à des centaines de kilomètres de là où nous nous trouvions. J'étais dans l'embarras total et me demandait que faire à cet instant précis. J'étais impuissante face à la distance qui nous séparait. Le téléphone était ma seule consolation.

Je quittai avec empressement le restaurant pour rentrer à mon appartement, mais pour quoi faire ? Juste faire des appels par intervalles de minutes. Mais minute après minute, mon mari m'annonça que céleste était entrée dans le coma. Elle avait totalement perdu connaissance, elle était entre la vie et la mort. Selon Guy-Patrick, Céleste ne réagissait à aucune excitation, même douloureuse, et cela m'avait encore fort inquiétée. Je n'ai pas pu fermer l'œil toute la nuit.

Le matin, c'était le week-end. Et comme nous observions la semaine anglaise, la journée était *off*. Mais je ne savais quoi faire jusque-là. Vers 10 heures, une amie qui était avec nous le soir, celle pour qui j'avais beaucoup d'estime et qui connaissait plus ou moins ma situation familiale, m'appela pour s'enquérir de l'évolution de l'état de ma fille, mais aussi de ce que je comptais faire. Et devant mes balbutiements, elle aura le courage de me dire :

« Bernadette, réveille-toi ! Ton mariage sera en péril si tu ne fais pas quelque chose. Ta fille est malade et les hommes n'ont pas la même capacité de gérer les enfants en bas âge. C'est le travail dévolu aux femmes et pas aux nounous pendant que la maman existe. Ressaisis-toi et descend à Kinshasa, ta famille a besoin de toi. Il y aura un temps où tu seras en retard et ça sera trop tard pour toi. Hier avant de dormir, j'ai prié pour toi et pour toute ta famille, et une voix intérieure m'a convaincue de te dire ce que je te dis en ce moment. En plus de cela, je te prie d'éviter ces sorties intempestives nocturnes qui sont devenues ton style de vie. De mon côté, je ne le fais qu'occasionnellement. Mais tu en as pris l'habitude ces derniers temps comme je l'ai compris et entendu hier soir. Je fais ma part en te disant ce que Dieu m'a mis dans la bouche, le reste est de ta responsabilité. »

Après cette communication, je sentis une lourdeur en moi. Une rébellion, peut-être un entêtement, sûrement un aveuglement, qui me poussera à dire que je pouvais tout suivre et coordonner même de loin. C'est ainsi que je ne descendis plus à Kinshasa. J'appelais plus de dix fois par jour, mais cela ne suffisait pas pour mon mari et ne représentait rien puisque selon lui, je devais être à ses côtés pendant ce moment de turbulence qui prit pratiquement un mois avant la sortie de l'enfant de l'hôpital. Tantôt j'appelais le médecin traitant de ma fille, tantôt mon mari, tantôt la nounou.

Je me rappelle une fois que la nounou me lança au téléphone que je devais être là car papa, c'est-à-dire, mon mari, était dépassé et avait même fait un surmenage. Tout cela ne me disait rien. Je ne voyais que mon travail et mes intérêts personnels. Je multipliais des prétextes devant la pression de Guy-Patrick, des raisons qui firent que je ne me rendisse pas à Kinshasa, et il ne disait plus rien.

De mon côté, c'est comme si mon cœur était de plus en plus dur et avait perdu toute émotivité et toute sensation. Ma lucidité aussi devenait assombrie à cause de ces intérêts personnels, matériels et frivoles. Chaque jour qui passait me rapprochait de la date butoir de ma démission et de mon retour à Kinshasa, tel que voulu et décidé par Guy-Patrick. Mais avec l'hospitalisation de ma fille, on avait déjà glissé. Et comme, nous étions préoccupés par l'état de santé de cette dernière somme toute stressant, nous avions tous remis cela aux calendes grecques.

Puis il vint un soir où j'appris que le ministre avec qui travaillait Guy-Patrick faisait l'objet d'une motion de défiance à l'Assemblée nationale pour une affaire compliquée que je ne maîtrisais ni les tenants et les aboutissants. Cette motion de défiance avait été signée par la quasi-totalité de députés nationaux. J'ai pris quand même le courage d'appeler Guy-Patrick pour avoir de ses nouvelles, mais je tenais surtout à lui rappeler clairement ce que je lui avais dit quelques mois au préalable, c'est-à-dire qu'on ne pouvait pas compter et baser notre vie sur les postes politiques.

Lui également, sans me donner les détails, me dira qu'il s'agissait d'un règlement de compte de la part des politiciens. En fin de compte, comme il fallait s'y attendre, à l'Assemblée nationale, c'est la majorité qui gagne. Et après le vote, la plénière éjectera le ministre du gouvernement, la confiance lui étant retirée. En conséquence, Guy-Patrick affaibli et à court d'arguments était contraint de revenir à la case départ. Et comme rien ne se produit sans effet collatéral, je venais de remporter une victoire par procuration, et ma thèse de rester à Matadi n'en sera que réconfortée. J'étais donc heureuse de savourer ce succès, mais en même temps, j'étais triste et j'avais de la peine pour Guy-Patrick dont la carrière qui venait à peine de décoller se fracassait soudain, juste au bout de quelques mois seulement.

C'est ainsi que compte tenu des paramètres qui avaient changé du côté de Guy-Patrick le mettant dans une mauvaise posture, avec son corollaire d'incapacité financière palpable, je ferais encore plus de temps à Matadi tout brandissant de nouveau mes arguments d'antan.

Guy-Patrick ne me disait plus rien. Je sentais aussi son indifférence vis-à-vis de ma personne et de ce tout que je faisais. Par contre, moi, je continuais à prendre soin de mes enfants et de la nounou à distance. D'ailleurs, c'était le plus primordial pour moi. Et je le faisais autant pour mes parents sur place à Matadi. Je bougeais presque partout avec mon travail et Guy-Patrick n'en était souvent informé qu'en dernier lieu. Que des voyages, surtout dans la région et même en dehors de celle-ci !

Il ne disait presque plus rien, et je me réjouissais que mon travail me réussît et me rendît heureuse. Je faisais en conséquence la sourde oreille, car je ne voulais pas obtempérer aux injonctions de mon mari. C'est ainsi, je m'étais habituée à ma vie de solitaire et d'indépendante sans savoir ce que cela allait me coûter.

Voilà comment les choses s'étaient passées, chère Marie-Louise. J'ai été extrêmement longue dans cette correspondance, mais cela valait de la peine, car je tenais à te relater en long et en large l'origine de notre conflit avec Guy-Patrick.

Dans l'attente de te lire très bientôt, je te remercie d'avance et te prie de trouver ici l'assurance de mon amitié.

Je t'embrasse bien fort. N'oublie pas de transmettre mes salutations chaleureuses à Serge-Emmanuel. Dis-lui qu'on aura le temps d'échanger d'ici peu.

Amicalement !

Bernadette Eyeng

LETTRE 4. DE MARIE-LOUISE

Mantes-la-Jolie, le 4 février
À ma chère amie Bernadette,
Que la paix et la grâce de Notre Seigneur soient avec toi,
mon amie !

J'accuse bonne réception de ta lettre du 1er décembre de
l'année passée, un courrier qui m'est parvenu par la poste plus
ou moins trois semaines après sa rédaction.

En effet je m'attendais à un courrier électronique, mais
curieusement, c'est à travers la poste que je te lis. Et cela n'a
aucune importance puisque seul ton message compte.
Seulement que comme nous étions dans une période festive de
Noël et de Nouvel An, je n'ai pas eu franchement l'occasion de
te répondre à temps. Mais rassure-toi qu'elle a retenu toute
mon attention particulière, au point que j'aie été jusqu'à
partager son contenu avec Serge-Emmanuel.

J'ai été tourmentée en lisant ta lettre et jusque-là, je n'arrive
pas à comprendre comment tu t'es comportée de la sorte. Au
de là de cela, j'ai éprouvé une grande tristesse que je n'arrive à
expliquer.

Comme je l'ai dit dans ma précédente lettre, il serait
nécessaire que l'homme se confie à Dieu. Quand je parle de
l'homme, je fais allusion à l'homme avec H, donc aux deux
sexes : masculin et féminin.

La lecture de ta lettre m'a fait comprendre sur toute la ligne
que tu ne voulais pas te soumettre aux ordres, ou mieux à la
volonté, de ton mari. Or ne pas se soumettre à son mari est une
désobéissance. Et quand on parle de la désobéissance, je vois
le péché.

La Parole de Dieu que je t'invite à lire désormais, au cas où
tu n'avais pas l'habitude de le faire, soutient que la femme doit
être soumise à son mari. Tu peux bien retrouver ce passage en
lisant l'épitre aux Éphésiens dans son cinquième chapitre,
verset vingt-deuxième. Mais entre temps j'aimerai te dire que
c'est une erreur pour les femmes de penser que leurs maris les

considèrent des moins que rien. Tout cela est faux, car un bon mari considère son épouse comme une aide inestimable, et qu'il ne peut rien sans elle. Ne dit-on pas que derrière un grand homme se cache une grande femme ? Note surtout que celles qui s'abaissent, Dieu les révèle toujours ; celles qui obtempèrent aux décisions de leurs maris sont les bien-aimées et vivent heureuses dans leurs couples.

Ne t'en fais pas, ma chère Bernadette. Moi qui t'écris aujourd'hui, j'ai aussi vécu des histoires similaires, mais malgré les peines et les douleurs de conséquences de décisions prises par Serge-Emmanuel, j'ai su obtempérer, et les résultats ont été spectaculaires.

Mon comportement a renforcé encore son amour et sa fidélité vis-à-vis de moi. Des fois, il me rappelle les souffrances que j'avais endurées pendant que j'étais restée à Kinshasa alors que je pouvais aussi refuser l'option qu'il avait prise de partir en Europe, vers l'inconnu, car je ne savais pas ce qui pouvait m'arriver.

Nombreuses sont celles dont les conjoints, partis à la quête de l'eldorado, ne sont jamais revenus et se sont mariés avec d'autres. Mais une femme mariée doit être à l'image de Ruth par sa phrase célèbre ou mieux le verset célèbre : « Là où tu iras j'irai, où tu demeureras je demeurerai, ton peuple sera mon peuple, ton Dieu est mon Dieu » (Ruth, I, 16).

Ce verset va dans le même sens que l'article 454, si j'ai encore bonne souvenance, du code de la famille de notre pays qui énonce ce qui suit : « L'épouse est obligée d'habiter avec son mari et de le suivre partout où il juge à propos de résider ; le mari est obligé de la recevoir. » C'est-à-dire que l'État qui représente Dieu sur la terre voit aussi les choses de la même manière. Tu n'auras rien perdu, chère Bernadette, au contraire tu auras gagné le cœur de ton mari. Sache surtout que le matériel, l'argent, ce n'est rien. C'est Dieu qui donne tout cela.

Je dis toujours à toutes les femmes que les hommes, comme tous les chefs, sont faits pour conduire les choses. Et donner des ordres, c'est naturel, car ils sont faits ainsi. Tandis que les femmes qui ne comprennent pas ce mystère pensent qu'on ne les respecte pas.

Commence par obéir, et tu verras comment ton mari t'aimera davantage. S'il te plait, ne tombe pas dans le panneau de ces femmes qui ne comprennent rien, se rebellent, et passent à côté de leurs bénédictions, hypothéquant ainsi le bonheur de leur couple au profit de leurs intérêts personnels mercantilistes ; mais qu'au bout du compte, elles se retrouvent perdantes.

Chère Bernadette, il n'a rien de nouveau sous le soleil. Tout ce que nous vivons et voyons, a été déjà été vécu et vu par les aînés. C'est ainsi que quand quelqu'un se permet de te conseiller, c'est par rapport aux expériences passées, vécues et vues ; les mêmes causes produisant toujours les mêmes effets.

Je n'arrive pas à comprendre comment tu es si égoïste et têtue. Je m'excuse pour les termes utilisés, mais cela me permet de bien exprimer la profondeur et la compréhension des choses, telles que je les ai comprises par rapport à tes écrits. Toi qui étais une fille bien, gentille et ayant la compassion des autres. J'ai lu entre les lignes comment tu te souciais de Guy-Patrick, mais je n'ai lu nulle part que tu lui aies parlé de ton salaire ou de tes revenus.

Et pourtant si tu rapportes ton salaire à ton mari, tu honores ton conjoint ; et en conséquence Dieu t'honorera et honorera votre couple. Ne sais-tu pas que Dieu honore ceux qui l'honorent et honorent sa Parole ? Je t'invite donc, mon amie, à chercher la face de Dieu et accepter Jésus-Christ comme ton Seigneur et ton Sauveur.

Tu sais que mon salaire est bien connu de Serge-Emmanuel et vice-versa. Contrairement à ce que les gens pensent des femmes d'Europe, chez moi il y a de la transparence dans le domaine de finances puisqu'on en parle et dans tous les autres domaines que je ne saurais énumérer ici. Pour une meilleure harmonie, on se partage les tâches après que nous soyons tombés d'accord sur l'exécution de notre budget familial.

Bernadette, mon amie, la vie de couple, ou mieux la vie à deux, n'est pas un long torrent paisible. Ça requiert de l'humilité, du sacrifice et du renoncement, car elle est jalonnée de pressions, de désillusions et souvent de mécontentements. Ce n'est que grâce au soutien de Dieu qu'on arrive à triompher sur ces épreuves. Et actuellement, je ne peux envisager mon ménage sans Lui, l'Éternel Dieu des armées, qui contribue à notre bien-être.

Dans un de tes paragraphes, j'ai compris que dans tes prises de position, tu étais quelque part appuyée par ta mère. Bernadette, tu es adulte et majeure ; de toi-même, tu sais comprendre si tu es dans le bon et mauvais chemin. Avec l'âge et la petite expérience de la vie, j'ai compris que certains ascendants ont une mauvaise influence sur la vie de leurs descendants. Bien que mariés et indépendants, ces enfants sont encouragés par leurs parents dans les mauvaises pratiques et décisions, et surtout si ces derniers sont pris en charge en tout par les premiers, ils ferment les yeux à tout ce qu'ils devraient leur reprocher ou leur disent carrément ce qu'ils veulent entendre, de peur de perdre les avantages acquis.

« Une éducation sans aucun interdit est proche du mauvais traitement », avait écrit Patrick Delaroche, un pédopsychiatre de renom. Donc pour lui, les enfants ont besoin de limites pour se construire. Je ne dis pas que nous devons mépriser l'encadrement de nos parents parce que nous sommes devenus adultes et mariés. Cela sera une grosse erreur, car, nous avons besoin de leur expérience qui pourra nous apprendre plein de choses que l'école ne nous apportera peut-être pas. Mais il faudra toutefois tout jauger, avec l'œil critique, pour ne prendre que ce qui est utile et rejeter tout ce qui est vicieux, car les parents étant avant tout des humains, donc imparfaits, peuvent se tromper et se méconduire délibérément, il y en a qui conduisent leurs enfants dans le fossé.

Ainsi, j'ose croire que tu rectifieras le tir. Tu as une conscience, alors fais-en bon usage. Retrouve ta conscience d'antan qui, comme nous l'avions appris à l'école primaire, est une voix intérieure qui nous dit ce qui est bon ou mal. Mais au-delà, j'insiste et le répète, tu as besoin d'accepter Jésus-Christ dans ta vie, chère Bernadette. Ma prière est que le Saint-Esprit t'aide à te se soumettre à ton mari époux.

Souviens-toi de Sara de la Bible qui appelait son cher mari Abraham, son seigneur. C'est dire qu'il faudrait obéir à ton mari à tout point de vue, mais à la limite du raisonnable. C'est ce qui te manque. Pour l'amour du ciel, je t'en supplie, chère Bernadette.

Notre Dieu n'est pas bête, et ce n'est pas pour rien qu'il a permis que vous soyez ensemble. La Bible déclare : « S'ils tombent, l'un relève son compagnon » — Ecclésiaste 4 : 10.

Il y a donc un avantage à être à deux. Malheureusement, je suis convaincue que tu ne comprends ni ce privilège ni cet avantage. Je note aussi que tu ne comprends pas que Dieu parle. Il t'a parlé plus d'une fois à travers des amis et collègues, voire ton père aussi. Tous étaient pour toi et pour te ramener dans le bon chemin, celui de ton bonheur auprès de ton cher mari à Kinshasa. Mais tu es toujours inappliquée et tu t'entêtes toujours. Si tu avais bien compris la portée de tout ce qu'on te disait, tu n'allais pas connaître ce que tu vis.

Dans la vie, il faudrait s'appliquer à savoir écouter les autres. Celui qui n'écoute pas n'est pas sage et va droit vers l'échec. Prends le temps de lire et de méditer ces deux passages de la Bible qui stipulent : « Sois prompt à écouter, lent à parler, lent à se mettre en colère » (Jacques 1.19) ; mais aussi « Que le sage écoute, et il augmentera son savoir. Et celui qui est intelligent acquerra de l'habileté » (Proverbes 1,5).

Le manque d'écoute conduit bien souvent à des frustrations et des frictions dans nos rapports humains, et à combien plus forte raison dans un couple ! Une femme ou quelqu'un qui n'écoute pas est assimilé à un têtu. Ton mari t'a bien des fois demandé de le rejoindre à Kinshasa, mais tu usais des échappatoires et tu as été, par moment, insolente vis-à-vis de lui. C'est grave pour une femme mariée ! Car lorsqu'une femme s'entête, elle commet un péché et s'attire la colère de l'Éternel Dieu.

Chère Bernadette, je ne cesserai de te rappeler que l'obéissance, ou mieux la soumission à son mari est exigée à toutes les femmes. Et je pense qu'il est temps que tu te remettes en cause à la lumière de la Parole de Dieu que je t'exhorte à lire tous les jours. C'est tout ce que je peux te dire pour le moment.

Sincèrement, je regrette de ton attitude, et pourtant tu as un bon mari. Et je note qu'il n'a pas changé, car je ne vois nulle part dans tes écrits où tu relèves son mauvais comportement ou des actions qui ne cadrent pas au bon sens, au savoir-vivre ou encore au savoir-être. C'est ainsi, je renvoie toutes les balles contre toi en espérant que tu feras un effort de changer ; car il n'est pas trop tard pour faire mieux.

Pour ce qui me concerne, je vais bien pour le moment. Malgré le froid hivernal, mais je tiens le coup. Je ne pense pas t'avoir dit que je travaille, tout comme Serge-Emmanuel qui, à part le travail spirituel de l'Église, travaille aussi dans une société de sécurité incendie. Il s'est finalement spécialisé dans ce domaine qui exige beaucoup de séminaires de renforcement de capacité, étant donné que la technologie, ici en Europe, évolue au jour le jour.

Pour ton information, il travaille particulièrement dans des établissements, des immeubles de grande hauteur qui accueillent beaucoup de monde et ayant des réglementations de sécurité strictes. Sa tâche consiste en la prévention et au contrôle des matériels en vue de s'assurer que le système d'alarme et les extincteurs fonctionnent correctement en cas de survenance d'incendie. Ça se passe bien et il évolue tant bien que mal. Ses chefs hiérarchiques l'apprécient bien et disent qu'il est la plaque tournante de son service.

Qui pouvait croire que Serge-Emmanuel pouvait émerger ainsi après tout ce qu'il a vécu et ce que moi-même avais vécu pour arriver au stade actuel ? Ce n'est que la patience, notre sens de compréhension et de soutien mutuel ainsi que notre attachement à Dieu. Sans cela, je pense que nous serions déjà chacun dans son coin, c'est-à-dire divorcés, car cela n'a pas été facile.

À cela, il fallait ajouter le stress et le rythme de vie en occident qui sont totalement opposés à ceux de chez nous ; l'individualisme, le libéralisme et le capitalisme même dans le mariage, battant son plein de ce côté.

Bernadette, tu ne peux imaginer quel soutien moral j'ai apporté à Serge-Emmanuel pendant ses moments de turbulence et de désespoir en Europe, loin de lui et même depuis que nous étions aussi ensemble ici en France. Je prenais et continue, par moment, de prendre alors plus de courage et d'espérance afin de lui faire voir que Dieu est fidèle. Je ne cessais de lui rappeler ce passage biblique qui dit : « Je ne vous abandonnerai jamais, je ne vous délaisserai jamais... »

Je pense et continue à croire que si Dieu a permis que je sois à ses côtés, c'est pour réellement accomplir cette phrase : « Il n'est pas bon que l'homme soit seul, je lui ferai une aide semblable. »

À travers mon soutien, nous allons de gloire en gloire en dépit des multiples difficultés qui arrivent, par moment, dans la vie ; c'est qui d'ailleurs est normal et inévitable.

Je ne vois pas d'abord mes intérêts personnels. Comme aimer quelqu'un consiste au préalable à lui donner de la joie qu'il manquerait si on était en dehors de sa vie, je priorise ses intérêts ainsi que ceux de notre foyer, et finalement, sans même le voir venir, je trouve pleinement mon compte. Détrompe-toi, ma chère, à chercher un bonheur égoïste. Cela s'avère sucré quand on le poursuit, mais se révèle toujours amère à la fin. Par contre, tout bonheur donné généreusement aux autres déclenche toujours un effet rétroactif qui comble encore plus la personne qui en fait cadeau.

Je trouve essentiel de me mettre en accord avec tout ce qu'il me demande de faire et le fais sans murmure ni marmonnement. Depuis des années, j'ai compris que ça ne sert à rien d'être en conflit permanent avec mon mari ; et chaque fois qu'il y a divergence d'opinions, je me rabaisse en acceptant sa proposition, laissant ainsi passer le temps qui, dans bien des cas, calme les ardeurs. Ce n'est qu'après et bien plus tard, si je ne suis vraiment pas d'accord avec son point de vue, que j'essaye de discuter avec lui, mais avec amour et tendresse afin de demander une évaluation en vue de porter des mesures correctives. Comme je le fais avec amour et humilité de cœur, il finit par accepter et des fois, avoue que la décision prise était réellement mauvaise.

Je n'oublierai pas jamais ce conseil que m'avait prodigué une maman de mon quartier dans la gestion de décisions de son mari. Cela m'a toujours aidé, car elle ne cessait jamais de me dire que le mari a été consacré chef par l'Éternel Dieu ; à ce titre, il faudrait faire bien attention quant à ta prise de position et de décision, sinon tu seras en guerre contre Dieu. Elle finissait par dire : « Qui a déjà remporté la victoire face à Dieu ? »

Cette façon de faire les choses a fait que Serge-Emmanuel a aussi changé à bien des points de vue et me demande toujours de bien réfléchir ainsi que de donner ma position quant à ses décisions. C'est notre démocratie interne, mais en fin de compte quand je tergiverse et que je n'ai pas d'arguments probants sur un point donné, c'est qui décide, tout en y revenant plus tard pour l'évaluation. Voilà donc comment nous fonctionnons avec Serge-Emmanuel.

J'ai été contente très contente de te lire, bien que le contenu de ta lettre m'a un peu secoué. Et j'espère encore te lire très prochainement afin de connaître la suite de ton histoire. Je consulte régulièrement ma boite et si tu peux aussi utiliser ce canal, ça ne serait que bénéfique, car le courriel me permettra de recevoir ta correspondance presque immédiatement après que tu l'envoies. Et cela me permettra de te lire et te répondre au plus vite.

Ma prière est que tous ces échanges à travers ces correspondances puissent non seulement te faire du bien, mais aussi te ramener dans la bonne voie, et surtout t'encourager dans ta relation que je souhaite fructueuse avec notre Dieu. Car je suis convaincue qu'avec Dieu, ta conception de la vie et du mariage changera réellement.

Avec toute mon amitié.

Marie-Louise Moseal

CHAPITRE 3.   L'ARROGANCE D'UNE FEMME

Matadi, le 26 avril

Très chère Marie-Louise,

Je suis très heureuse de t'écrire cette lettre pour te faire part de mes nouvelles. Et à l'occasion, je te remercie sincèrement pour tes réactions et tes conseils repris dans la lettre que tu m'as adressée en date du 4 février... Cela m'a été d'une grande importance ; sachant que des fois, on adopte des comportements dont on ignore les conséquences dans notre vie et dans notre entourage. Je te promets de faire mon mieux pour trouver une église où je j'irai prier de temps en temps.

Et à propos, Guy-Patrick, à un moment donné, me poussait à embrasser la foi chrétienne, mais mon travail représentait tout pour moi et je croyais que cela me suffisait. Je lui répondais que je n'avais pas le temps, que mon temps était précieux. Mais voilà que paradoxalement aujourd'hui, c'est moi qui cours derrière le temps, car je suis dépassée par les évènements.

Dans ma dernière lettre, je pense t'avoir dit que Guy-Patrick ne me disait plus rien et ne me faisait plus aucune pression. Cela m'arrangeait d'autant plus que je devenais de plus en plus indépendante pendant que son chômage perdurait, les jumelles grandissaient, et que je me contentais de les suivre à distance. Elles ne manquaient de rien, et la nounou aussi était aussi payée régulièrement. Et je croyais que cela était largement suffisant.

Par ailleurs, malgré mon alliance de mariage entre les doigts, les gens ne connaissaient pas mon mari et d'autres pensaient même que j'étais divorcée ou encore veuve ; sans que cela ne dérangeât, et je le trouvais normal.

Un bon matin dans mon bureau, une de mes collègues, que j'aimais beaucoup et que je côtoyais souvent après le service, était venue me voir pour un problème de service. Pendant qu'elle était dans mon bureau, je recevrai un coup de fil de la nounou qui m'appelait. Guy-Patrick ne m'appelait que rarement et de moins en moins, montrant de ce fait que ma vie ne l'intéressait quasiment plus. Il faisait calmement sa vie et avait les enfants avec lui. Cela lui suffisait et faisait son bonheur.

La nounou me signalera que la ration des jumelles était en rupture de stock, et sans tenir compte de la présence de ma collègue, je commençais à crier sur elle. Puis au lieu de me limiter à elle, je hausserai ma voix de façon à me faire entendre à l'extérieur de mon bureau. Je rappelle encore ce que j'avais dit ce jour-là :

« Et Papa [Guy-Patrick], il ne sait même pas acheter une boite de lait ou un sachet de sucre, pour ne citer que ceux-là, pour ses propres enfants ? Donc son rôle ne consiste qu'à croiser les bras en attendant que je fasse quelque chose ? Il est pourtant sur place, mais il fonde tous ses espoirs sur moi qui me trouve pourtant à des centaines de kilomètres. Quel type de mari irresponsable ! Si je ne fais rien, ce sera donc le chaos là-bas, n'est pas ? Et il n'a même pas honte de m'ordonner à abandonner mon boulot pour le rejoindre dans sa galère ! Il est à l'université où il passe son temps en tant qu'enseignant, il est rémunéré ou pas ? En tout cas, j'en ai marre ! Bon, je t'appelle dans une heure, le temps d'envoyer le chauffeur pour vous faire un transfert dans la messagerie financière d'à côté. Je ne ramasse pas l'argent ici à Matadi et dis cela à votre papa. As-tu entendu, hein ? »

Une fois la conversation terminée, je raccroche le téléphone. Ma collègue qui était aussi en quelque sorte comme une complice me regarda en disant :

« Bernadette, à qui que t'adresses-tu ainsi ? À ta bonne ? Oh, je te plains ! Quel type de femme es-tu ? Est-ce que ta nounou a besoin de tout ce discours ? Si toi-même, tu ne respectes pas ton mari en le dénigrant de la sorte devant ta nounou, crois-tu que cette dernière respectera Guy-Patrick ? Franchement, ma chère amie, tu es allée trop loin. Et tu me déçois, car tu n'auras pas dû tenir de tels propos à ta bonne. Cela ne sert qu'à diminuer et humilier ton mari. C'est grave, ce que tu fais là. Qu'est-ce qui te prend ? Est-ce le poste que tu occupes, ton argent, ou encore ta beauté, qui te poussent à te conduire de façon aussi cavalière à son égard ? Détrompe — toi, Bernadette ! La beauté et l'argent peuvent passer. Mais la vraie beauté, c'est la douceur et la sagesse. »

Elle essayait de me faire une morale dont j'étais allergique. Et pour lui montrer que je m'en fichais complètement, je le gratifierai du reste de la colère que je gardais encore du bout des lèvres :

« De quoi, je me mêle ! J'ai dit la vérité, et c'est tout ! D'ailleurs, je suis fatiguée. Guy-Patrick ne fout rien, et ne joue surtout pas à l'avocat du diable. Si je n'envoie pas quelque chose, mes enfants mourront de faim. Advienne que pourra, chère collègue ! Je suis déjà fatiguée de devenir le chef d'une famille à distance. »

On se sépara avec cette note de déception de la part de ma collègue qui avait de plus en plus une mauvaise image de ma personne. Désormais, elle ne cessait de me le rappeler dans les couloirs et partout où nous nous rencontrons. Je ne sais pas pourquoi elle me surnommait la Dame de fer, Madame la Procureure, où que sais-je encore ; mais je savais que depuis ce jour-là, elle avait cessé de me regarder de la même façon. Et plus tard, j'en trainerai la réputation dans tous les locaux de mon service. Je ne réalisais pas les conséquences d'un tel comportement, mais les choses évoluaient dans ce sens.

Un vendredi vers 15 h 30, alors que le travail prenait fin à 16 h 30, l'huissier de l'entreprise m'annonça que j'avais de la visite. Je n'avais pas assez de temps, car absorbée comme d'habitude à la tâche, mais il avait insisté, disant le visiteur qui était à la réception voulait à tout prix me voir. Il s'agissait d'une urgence familiale. Comme je ne connaissais pas la personne, et pour me confirmer aux instructions de l'entreprise, je demanderais qu'il puisse remplir le billet de rendez-vous et qu'on me le fît parvenir.

Quelques minutes après, ma secrétaire me ramena ledit billet et en lisant, après plusieurs recherches, car ce nom – Léon Bisungu – ne me disait absolument rien. Je comprendrai par la suite qu'il s'agissait d'un membre de famille de Guy-Patrick. Il était plus âgé que mon mari et se débrouillait dans la manutention au niveau du port de Matadi. Dans son motif de visite, il eut le culot de mettre clairement que son fils était hospitalisé à l'Hôpital Général de Référence de Kinkanda. Si ma mémoire ne me trahit pas, je pensais l'avoir vu une ou deux fois, mais j'entendais souvent parler de lui.

L'état de l'enfant nécessitait obligatoirement une transfusion sanguine et le gars n'avait pas de moyens. On le fit entrer et ma première réaction sera : « Quelles nouvelles ? Tu es toujours à Matadi, et tu ne viens jamais me voir. C'est maintenant que tu es dans un sale drap que tu te permets de me rendre visite ? As-tu appelé ton frère Guy-Patrick ? Est-il au courant de la situation de ton fils ? De toutes les façons, il ne fera rien, car il n'a jamais rien ».

« Belle-sœur, me dira-t-il calmement, je suis désolé de venir maintenant alors que je pouvais, de temps en temps, te rendre visite. Mais j'ai toujours pensé que tu étais en Europe et je ne suis même pas au courant des nouvelles de mon cousin Guy-Patrick. C'est à l'hôpital que j'ai rencontré un ami qui avait grandi sur la même avenue avec la famille de mon cousin qui m'apprendra que tu étais déjà de retour à Matadi. C'est lui aussi qui m'a indiqué que tu travaillais ici. Une fois de plus, je suis désolé pour ce dérangement ; mais je n'ai personne pour m'aider. Je fais de la main-d'œuvre occasionnelle au niveau du port, et ma situation est compliquée pour le moment. Je serais même heureux que tu puisses me trouver un emploi ici ; ce qui me permettra de m'en sortir ».

Aussitôt qu'il avait fini, je repris la parole :

« Bon, allons à l'essentiel. Prends cette enveloppe et j'espère qu'elle pourra résoudre tous ces soucis. Ce qui va rester, occupe-toi de la restauration du petit et vois aussi avec ta femme ce qu'elle peut faire avec. Vous, vous êtes toujours comme ça, vous serez parmi les premiers à me critiquer dans votre famille et à dire de n'importe quoi. Ton frère veut à tout prix que je démissionne. Et si je l'avais fait, ton fils allait certainement mourir faute de moyens financiers. Il faudrait le dire à ton frère. Bien de bonnes choses, j'ai du travail. On reste en contact et je verrais pour ta demande d'emploi. Apporte dès que possible ton curriculum vitae ou dépose-le à mon secrétariat, je verrais quoi faire, mais je ne te rassure rien. On fait comme ça ! »

C'est avec émotion qu'il recevra l'enveloppe qui représentait la moitié d'un salaire d'un cadre dans d'autres entreprises de la place. Il voulait même s'agenouiller pour me remercier, mais je ne lui ai pas laissé le temps. Dans mon for intérieur, je me disais aussi c'était une bonne occasion pour démontrer à Guy-Patrick que mon travail pouvait aussi secourir sa famille.

Tout ceci se passait en présence de ma secrétaire qui était au bureau avec moi, car elle devait me lire le rapport qu'elle venait de rédiger, un rapport qui nécessitait une relecture et éventuellement des corrections.

Cet entretien avec mon beau-frère avait pris moins de vingt minutes, tellement que j'avais beaucoup à faire et que le week-end se pointait déjà à l'horizon.

Ma secrétaire, qui était à la fois ma proche collaboratrice et conseillère, était saisie d'étonnement… non, je dirai, d'épouvante. Elle ne put que placer, juste au départ de mon beau-frère, ces termes :

« Madame, permettez que je puisse dire un mot à propos de ce qui s'est passé pendant l'entretien avec votre beau-frère puisque je ne croirais pas si quelqu'un d'autre me racontait ce que je venais de voir ? Sincèrement, je pense que vous êtes allée loin. Vous trainez sur l'accessoire au lieu d'aller vite à l'essentiel. Votre expression fait comprendre à votre interlocuteur que le courant ne passe pas bien au sein de votre foyer. Non seulement vous diminuez votre mari, mais vous le dénigrer auprès de qui veut vous entendre.

Cela n'est pas bien, Madame. Je pense qu'il faille toujours protéger son conjoint vis-à-vis des tiers, même s'il n'a rien pour le moment. Ce n'est pas un problème. Vous qui avez les possibilités, vous pouvez soutenir votre conjoint. N'est-il pas dit que deux valent mieux qu'un, Madame ? C'est ainsi que bien de couples sont en conflit pour la simple raison que tous les problèmes et confidences du foyer sont étalés sur la place publique par l'un des conjoints.

En plus, le beau-frère ne vous a posé aucune question sur votre foyer, vous n'aviez donc pas à en faire étalage.

Je m'excuse, Madame, de m'immiscer dans votre vie privée. Mais c'était tellement fort pour moi, à tel point que j'aurais un sérieux problème de conscience en ne disant rien. Dieu ne me pardonnerait pas de vous laisser dans une telle position. Je vous prierai, Madame, pour l'amour du ciel, de laver vos linges sales en famille au lieu de le faire sur la place publique.

Néanmoins, en dépit de tout ce que vous avez dit, vous avez aidé ce pauvre malheureux ; ce qui est tout à fait louable et que j'ai beaucoup apprécié. Mais je ne vous en prie, tenez compte de mes remarques précédentes et gardez secrètes vos querelles de couple.

Une fois de plus, je m'excuse pour cette intrusion, mais j'en aurai au moins la conscience tranquille après m'être déchargée. »

Dès qu'elle avait terminé sa leçon de morale, je lui lançai un regard autoritaire en lui disant : « Que ce soit la dernière fois que tu te mêles de ma vie privée ! Je reprends : que ce soit ta dernière fois. Je ne suis pas ton amie. Allez, le travail est terminé et je vais voir sur ma table le rapport ainsi corrigé avant que tu ne quittes le bureau ! Je le dois le signer et l'envoyer à qui de droit. ».

On s'est séparé avec cette note tranchante adressée à ma secrétaire qui, depuis ce jour-là, a fait preuve de retenue, étant plus que jamais saisie de crainte à mon égard.

Les jours, les mois et les années passaient sans que je ne m'en rende compte. Je me complaisais avec ma vie d'indépendante et d'autonome. Mais quelque part et des fois, il y avait un vide en moi-même. Pourtant je faisais semblant d'aller bien. J'étais courtisée par les hommes, mais je n'arrivais pas à céder et je ne savais pas comment le justifier.

D'autre part, le fait de ne plus être en contact physique régulier avec Guy-Patrick faisait que mon appétence sexuelle s'éteignait de plus en plus. Qu'importe, c'est mon travail qui était ma raison d'être et ma vie, d'autant plus Guy-Patrick aussi ne m'appelait pratiquement plus et c'est comme si j'étais devenue le cadet de ses soucis.

Mais un bon week-end, sans informer Guy-Patrick, je descendis à Kinshasa, car ça faisait longtemps que je n'avais pas vu mes enfants qui, entre temps, ils venaient d'entamer leurs études primaires. J'avais quand même fait le nécessaire, avant ma descente à Kinshasa, pour leur envoyer tout ce qui devait leur être utile pour la rentrée scolaire : objets classiques et autres.

En arrivant à la maison, je trouve Guy-Patrick devant la télévision en train de suivre le journal télévisé. Tout était calme et personne n'avait sursauté pour m'accueillir. C'est comme si c'était une arrivée ordinaire alors qu'il faisait belle lurette que je ne les avais pas revus. Moi qui croyais être reçue comme une reine, je m'étais trompée sur toute la ligne. J'étais devenue étrangère chez moi. Les enfants faisaient leur sieste, car ils revenaient de l'école.

C'est la nounou que j'ai rencontrée en bonne santé et en bonne mine. Guy-Patrick m'a accueilli froidement et m'a juste demandé si j'avais fait un bon voyage. Dans l'entre-temps, je vois les jumelles sortir de leur chambre et se diriger directement vers la nounou alors qu'elle était à mes côtés. C'est la nounou qui dira aux enfants : « Céleste, Princesse, vous ne voyez pas que c'est maman ? Dites bonjour et embrassez-la ! »

« Bonjour Maman ! » dit Céleste.

« C'est Maman ? » ajoute Princesse.

« Oui, c'est Maman, Princesse ! Allez dans mes bras. Vous m'avez manqué mes anges ! »

C'est en petit sanglot que je les serais dans mes bras. Puisque je devais faire deux jours seulement à Kinshasa, je me disais que j'allais en profiter au maximum pour être près de miens.

Mais ce premier contact avec mes enfants m'a fait beaucoup réfléchir. Cela illustrait à suffisance qu'ils étaient en manque d'affection maternelle. Face donc à mon absence, leur affection s'était tournée du côté de la nounou qui représentait tout pour elles.

Ce n'est que pendant et après les quelques heures passées avec mes filles que je commençais à réaliser que l'amour maternel est l'un des préalables indispensables pour la croissance et le devenir de l'enfant. Et sans la présence et l'affection maternelles, l'enfant souffre illico de la carence affective qui, si on n'y pend pas garde, aura des implications démesurées durant sa vie. Ce court séjour de 48 heures, rarement passé avec mes enfants depuis un temps, était un moment favorable pour moi afin de leur donner, ainsi qu'à leur père, l'affection qu'il fallait, et pourquoi pas, se rattraper dans les actions encore meilleures pendant mes absences ?

Le soir arriva, il ne me restait qu'une seule nuit parce que n'ayant que 48 heures avant de rentrer à Matadi le jour suivant dans la matinée.

Dans la journée, j'avais eu le temps d'être avec les jumelles, de regarder leurs cahiers, chose que je n'avais jamais eu le temps de faire, mais qui était faite par un répétiteur que j'ai eu à engager pour le suivi des enfants.

Je me disais que Guy-Patrick n'aurait pas le temps de s'occuper d'elles pédagogiquement. D'ailleurs, dans la journée, j'avais eu à échanger avec ce répétiteur afin d'avoir une idée sur l'évolution des jumelles.

D'autre part, comme de nos jours, on travaille même à des kilomètres du bureau, je dus allumer mon ordinateur dans la soirée pour traiter des dossiers en pipe-line très urgents ; ramenant ainsi mes habitudes de Matadi à Kinshasa, et oubliant de surcroît que j'étais venue pour ma famille. Il commençait à se faire tard et Guy-Patrick me rappela que je n'étais pas au bureau, mais à la maison. Je me suis ressaisi et lui ai dit tendrement : « Oui, ça va, j'arrête, chéri ».

Ensuite, il me dira qu'il a à me parler. Il était pratiquement minuit quand j'entrais dans la chambre à coucher. À côté du lit, à sa droite, il y avait une petite table de nuit et deux chaises. Ces mobiliers lui servaient du bureau de travail. Une lampe allumée au-dessus de la table de nuit faisait rayonner une lumière douce pendant que la climatisation arrosait toute la chambre. Je considérerai cette chambre comme la propriété privée de Guy-Patrick, car faite à son image, à ses goûts et ses préférences pour le bois. Elle n'était pas trop grande, mais ce qui m'attirait le plus, c'était l'ordre et la propreté qui y régnaient. Il était rare de trouver des habits par terre, tout était toujours classé dans une armoire en bois massif. On pouvait voir également toutes les paires de chaussures sur une étagère en bois. L'aspect et la conception de cette chambre rimaient avec la tendresse, l'allégresse et la quiétude ; le tout favorisant un excellent climat pour un entretien en amoureux.

Jusqu'à ce qu'il dise un mot, j'ignorais encore le contenu de notre conversation, mais je m'imaginais l'éternel sujet de mon travail et de mon retour à Kinshasa. À vrai dire, mon amie, cela faisait plus de cinq ans que nous étions loin l'un à l'autre.

Finalement il ouvrit l'entretien :

« Ça va faire quelques mois que je suis dérangé par un problème qui me ronge et que je voudrais non seulement partager avec toi, mais aussi bénéficier de ton soutien ainsi que de ta compréhension.

En effet, avant que nous puissions être dans le même auditoire à l'université, c'est-à-dire juste après l'obtention de mon diplôme d'État, j'avais connu une aventure. Je n'avais que 19 ans à l'époque. J'étais donc jeune et croyais tout m'était permis. Cette fille qui habitait le quartier attenant au nôtre s'appelait Magloire Bobo. Et un jour, elle m'annonça que ses parents étaient mutés en province orientale et qu'elle devait en principe partir avec sa famille.

En plus, pour ses parents, c'était aussi une aubaine, car, du coup, elle pouvait poursuivre ses études universitaires à Kisangani. Cependant pour la fille, j'étais l'homme de sa vie ; et elle ne voyait pas sa vie future et conjugale sans moi, à telle enseigne qu'elle n'était pas chaude pour y aller. Mais je l'avais conscientisée, même si au fonds de moi, le chagrin et la tristesse me dévoraient.

On s'était promis de nous marier. Mais je me rappelle qu'avant son départ pour Kisangani, elle n'arrêtait pas de me dire qu'elle voulait garder un souvenir de moi, un souvenir qui devait faire que nous puissions rester en contact et lié à jamais. Très jeune à l'époque, je ne comprenais pas la teneur de ces propos. Et comme le téléphone n'était pas accessible à tout le monde, la seule façon de nous échanger les nouvelles était les missives via des voyageurs qu'il fallait rechercher en cas de besoin.

Les premières années, nous étions en contact ; mais brusquement la communication a été rompue juste au moment où elle me disait qu'elle avait des ennuis de santé et qu'elle devait aller dans un pays limitrophe pour des soins appropriés. C'est depuis lors que je n'ai plus eu de ses nouvelles, moins encore des membres de sa famille. Et ce n'est qu'il y a trois mois que j'apprendrais son existence. Le comble est qu'elle apparait avec un enfant âgé de 16 ans, un enfant dont je serais le père, s'il faut en croire à ses déclarations.

Je ne comprends pas pourquoi elle m'a caché une telle information pendant toutes ces années. Toutes ces années en dehors du pays, et voilà qu'elle est à Kinshasa, elle me demande de reconnaître au moins mon fils ; un fils que je n'ai pas encore vu, si ce n'est sur cette photo. »

Juste au moment où il sortait la photo dans un bouquin posé sur la table de nuit, je commençais à transpirer et mon attitude changea d'un cran. La tranquillité céda à la nervosité, puis l'insolence prit le dessus. Il voulait continuer à s'expliquer, mais je lui arrachai la parole de façon violente :

« Guy-Patrick, tu te moques de moi ou quoi ? Pour qui me prends-tu, une adolescente ou une petite fille ? Tu veux me dire que pendant toutes ces années, tu n'étais pas au courant de l'existence de cet enfant, hein ? Tu cherches un héritier à ta fortune en lieu et place de mes jumelles. Là, tu ne m'auras pas ! Et cet enfant, je ne veux même pas le voir dans cette maison. Un enfant adultérin avec mes jumelles, ça ne passe pas et ça ne passera jamais ! »

Il était très calme et me laissa tout le temps de me décharger. Pendant plus deux heures et il commençait à faire matin, le débat houleux continuait. Humble et posé, il m'écoutait religieusement et ne criait pas comme je le faisais. Par contre, il me suppliait d'accepter cette réalité indépendamment de sa bonne volonté.

« Je t'en supplie Bernadette. Je ne l'avais pas souhaité, cette histoire, mais c'est le passé que je ne maîtrisais pas qui me rattrape avec toutes ses conséquences. Je ne peux pas rejeter mon sang. Ça ne sert d'ailleurs à rien de faire un test ADN, car à première vue, en regardant cette photo, j'ai trouvé qu'il avait non seulement mes traits, mais aussi ceux de ma famille. Ce rejeton qui du reste porte le prénom de mon père et mon nom, Charles Bundu, n'a pas besoin de ton héritage, car sa maman a travaillé durement pour lui. Il est à l'abri du besoin.

Mais le plus important pour moi, c'est d'accepter mon fils qui lui aussi, tel que sa maman me l'a dit, n'attendait que ce jour. Sa maman est atteinte d'un cancer d'utérus. Pour ton information ou peut-être tu es déjà au courant de cette maladie, car tu es une femme, le cancer de l'utérus est une tumeur maligne qui s'attaque aux cellules de l'utérus. C'est une tumeur qui finit par se propager dans d'autres parties du corps humain. C'est là qu'on parle de métastases.

Je ne sais pas trop l'expliquer médicalement, car ce n'est pas mon domaine. Mais dans tous les cas, selon les informations que j'ai recueillies, elle est sous traitement. Et à l'état actuel, on ne sait pas donner de pronostic parce que sa maladie a atteint un stade avancé, le choix des traitements résulte de l'étendue de la tumeur. Là n'est pas le cas pour le moment, mais en ce qui me concerne, je dois prendre cet enfant avant que le pire n'arrive.

En plus, il faudrait peser et contrôler tes propos. Je ne tolérerai pas que tu puisses le qualifier d'adultérin. Il n'est pas un enfant que j'ai eu pendant notre mariage. Il a été conçu avant notre mariage. Alors, consulte ton dictionnaire avant d'utiliser certains mots. » Dixit Guy-Patrick.

La discussion était tellement houleuse que nous n'avions pas trouvé un terrain d'attente. Guy-Patrick était déterminé à reprendre son enfant et tel a été son dernier mot. Il était doux au début de l'entretien, mais à cause des échanges et de mes déplacements de mots, et ça je le reconnais, il a fini par hausser le ton et à prendre une décision d'autorité.

La matinée était très chaude et le soleil était déjà culminant dans le ciel quand je me réveillai, car il fallait que je ferme les yeux pour retrouver un peu de force avant d'aller à l'aéroport de Ndolo.

Nous étions sur le même lit, mais chacun dans son coin ; et finalement sur le plan sentimental, c'était 48 heures de perdu.

Dans l'avion qui me transportait à Matadi, j'avais un sentiment partagé : d'une part, la rage intérieure et la haine extrême ; d'autre part, la déception totale.

En effet, j'en voulais sérieusement à Guy-Patrick et étais furieuse contre lui au sujet de cette histoire qui venait de rompre la quiétude et l'équilibre qui boitaient déjà au sein de notre couple. J'étais persuadée que cette histoire allait devenir un autre obstacle à notre bien-être et que toutes les données allaient désormais changer. J'estimais que l'amour de Guy-

Patrick allait être partagé entre les enfants. Quelle déception en apprenant cette histoire qui, malencontreusement, allait davantage polluer et envenimer notre vie de couple déjà teintée de désaccords !

Tous ces sentiments ont fait que j'adopte un comportement tout autre vis-à-vis de Guy-Patrick et de tout celui qui venait pour me conseiller ou me calmer. Pendant plus d'une semaine, Guy-Patrick cherchait à me joindre, mais je faisais de mon mieux et m'arrangeais pour être injoignable. Il m'appelait et je ne décrochais pas de téléphone. Il m'écrivait dans ma boite électronique, et je ne prenais même pas le temps d'ouvrir ni de lire ses mails. Il en était de même pour les messages sur mon répondeur que j'effaçais carrément.

Cependant, un soir après le travail, pendant je prenais ma douche chez moi dans mon appartement, j'entendis le téléphone sonner. Et comme j'étais sous la douche, je m'étais dit que j'allais relancer celui qui m'appelait après que j'aie tout terminé. Entre temps, le téléphone a sonné plus d'une fois ; ce qui sous-entendait que c'était une urgence.

Aussitôt fini mon bain, je pris le téléphone pour voir ces appels en absence. C'est de là que je vais réaliser qu'il s'agissait d'Anne Moteyi, une collègue de service et amie de longue date. Je m'étais dit sûrement qu'il s'agissait d'une urgence de service puisqu'en avant de quitter le bureau, j'étais avec elle pour traiter un dossier épineux.

Et juste au moment où je composais son numéro pour la rappeler, elle m'appela de nouveau. J'avais alors décroché :

« Allô, Bernadette, comment vas-tu ? Tu es déjà à la maison ? »

« Oui, quelles nouvelles ? C'est encore le dossier de l'autre là ? Qu'est-ce qui bloque encore ? » avais-je réagi.

Non, pas du tout, Bernadette, répondra-t-elle. Le dossier est passé, et je t'en remercie, car n'eussent été tes avis et considérations, je ne sais pas si j'allais m'en sortir ; me rassurera-t-elle en entamant son long discours. Mais je t'appelle pour un autre sujet. Au fait, c'est Guy-Patrick qui vient de m'appeler et nous avons longuement parlé. Il m'a laissé entendre que depuis ton dernier passage à Kinshasa, tu ne veux plus répondre à ses appels et tu ne réagis pas à tous les mails qu'il t'envoie. Il m'a tout expliqué, Bernadette. Je pense que tu vas loin, ma sœur. L'enfant n'est pas venu pendant ton mariage, et il t'a bien expliqué qu'il n'était même pas au courant de son existence. Maintenant que c'est le cas, c'est tout à fait normal, après vérification de sa part de t'en informer.

Sois heureuse qu'il t'ait informé, car d'autres hommes ne le font pas. Combien de fois, avons-nous assisté à des scènes où lors du décès du mari, des enfants non reconnus sortent de nulle part, pendant que lors du vivant du mari, la femme n'avait aucune information sur l'existence de ces derniers ?

Ma sœur, bénis Dieu, car tu as un bon mari qui se préoccupe de toi et te donne la bonne information afin qu'ensemble, vous puissiez trouver une solution à un problème qui survient. Le vin est tiré, il faudrait le boire.

Moi aussi à sa place, je ne saurais pas abandonner mon enfant. Tu voudrais qu'il l'abandonne pour te montrer qu'il t'aime ? Là, tu te trompes, car il ne serait pas heureux dans son mariage. Et s'il advenait qu'il ne soit pas heureux, ne pense pas que toi aussi, tu seras heureuse. Le mariage est semblable au principe de vases communicants, c'est-à-dire, si l'un est heureux, l'autre aussi doit l'être et vice-versa.

Je dirai que tu es égoïste, ma sœur. Tu oublies ton entêtement et ta dureté concernant ton emploi. Combien de fois ne t'a-t-il pas demandé de regagner Kinshasa et que tu ne l'as jamais fait ; et lui, pour maintenir la paix, en dépit de tout, te laisse faire ? N'est-ce pas que suite à cet entêtement que tu continues à être à Matadi, en non à Kinshasa ? Combien d'hommes accepteraient-ils de subir ce que toi tu lui fais ? S'il t'arrive ainsi à te faire des concessions aussi insupportables que passer cinq ans sans t'avoir ne serait ce qu'une nuit à ses côtés, pourquoi ne feras-tu pas pour lui en acceptant juste un enfant dont la mère ne sera même pas ta rivale puisque leur histoire était finie depuis belle lurette sans la moindre possibilité de reprendre ?

Permets-moi d'être franche avec toi aujourd'hui, car j'estime que tu ne vois seulement que tes propres intérêts. D'ailleurs, ce garçon est le frère aîné de tes filles. Qui sait, peut-être que c'est lui qui prendra bien soin de ses sœurs et les encadrera comme tu as toujours déserté ta maison.

Je ne suis donc pas contente de toi et je n'ai même pas besoin d'entendre ta réaction. Je te demande seulement de réfléchir. De bien réfléchir. Penses-tu que nous qui avons accepté les enfants de nos maris, nous sommes bêtes ? Tu connaîtras la vérité un jour et la vérité t'affranchira.

Bonne soirée et que la nuit te porte conseil !

Dès qu'elle avait fini de me parler ainsi, j'avais voulu la rappeler pour réagir ; mais elle avait déjà raccroché. Je n'eus plus qu'à balancer dans le vide : « Allô, allô, allô… ! Anne, tu es là ? Allô… ! Elle est partie ? Elle m'appelle pour me dire du n'importe quoi. Mais qu'elle est gonflée d'oser me parler sur ce ton. En plus, elle me raccroche au nez ! »

Et pendant les minutes qui suivront, je me plongerai dans le monologue : « Et puis, de quoi se mêle-t-elle ? Il s'agit de ma vie privée. Qu'elle aille au diable ! Demain, elle saura de quel bois je me chauffe ! En plus, elle oublie que je suis sa supérieure hiérarchique… »

Le jour suivant pendant que je descendais de ma voiture dans l'enceinte de l'entreprise, précisément dans le parking, je rencontre Anne Moteyi et on se salue comme si de rien n'était. Mais, toute la nuit, je réfléchis à cette conversation ou mieux à son appel, car il n'y avait pas vraiment eu un réel échange. Je n'avais même pas eu le temps d'en placer une. Avec mon grade supérieur au sien, je ne lui ai plus reposé le problème et le dossier a été classé comme cela se dit en justice.

Pendant ce temps, les appels, les interventions et les interpellations continuaient à pleuvoir. Guy-Patrick ne s'est pas arrêté là. Il avait en outre appelé mes parents, et notamment mon père, pour leur poser le problème. Et deux jours après, mon papa m'appellera. Il était tellement monté et énervé que je n'ai rien osé lui dire. En conclusion, il était du côté de mon mari, malgré tout ce que je pouvais dire.

En outre, non seulement qu'il avait crié sur moi comme une adolescente, il m'a aussi obligé de m'humilier devant mon mari et de le soutenir en ce temps où il avait vraiment besoin de mon appui. Il me demanda encore ce que je continuais à faire à Matadi pendant que mon mari était toujours loin de moi. Puis finalement, me qualifiant de toutes sortes de noms, il lâcha que je ne devais même pas compter sur son appui au jour du malheur, vu qu'il avait déjà fait sa part de père en me disant ce que j'étais tenue de faire en tant qu'épouse. Selon lui, si ces entêtements continuaient, chose qui l'humiliait profondément, je ne devais plus le considérer comme mon père ; un enfant docile est celui qui écoute les conseils de ses parents malgré son âge, son élévation en dignité et sa richesse.

Je me souviens toujours de ces paroles dures en mon endroit quand il disait :

« Ma fille, affectionne-toi aux choses du ciel comme le dit La Parole de Dieu. Accroche-toi à Dieu et non aux choses de ce monde, car elles passeront. Tu veux vivre heureuse, fais la volonté de Dieu. Depuis toujours, j'ai remarqué que tu donnes plus d'importance aux choses matérielles à telle enseigne qu'elles deviennent le point de mire de tes aspirations et de tes ambitions ; alors que l'idéal pour toi serait de chercher d'abord la face de Dieu et le reste te sera donné comme bonus. Ta vie dépend de plus en plus des choses matérielles, alors qu'elle devait dépendre de notre Créateur. Dieu a horreur des idolâtres, le sais-tu ? Fais attention, ma fille et réfléchis bien ! »

Pour moi, chère amie, toutes ces personnes parlaient des choses dont elles ne maîtrisaient pas les méandres. Dans mon amour propre, j'étais blessée et me sentais trahie ; aussi, je ne croyais pas que cette histoire était vraie. Ou bien, je dirai que j'étais persuadée que Guy-Patrick était toujours en contact avec cette dame que je considérais comme sa maîtresse. Je m'étais sacrifiée depuis l'université pour lui, et même pendant mon mariage j'avais tout fait pour que notre ménage ne manque de rien. Et voilà que j'étais remerciée ! Me payer en monnaie de singe, c'est tout ce qu'il avait trouvé en réponse de tous les sacrifices consentis en sa faveur !

Je me disais que c'était injuste, ce traitement que je subissais. On m'obligeait à moi de comprendre, et pas à Guy-Patrick. C'était comme si une femme était toujours appelée à s'humilier, à faire des concessions, malgré le fait qu'elle ait souvent raison. Tout cela endurcissait mon cœur, me rendait nerveuse et très agitée. Et je commençais à donner de plus en plus raison à mes collègues qui avaient décidé de mener une guerre sans merci aux hommes. De ce fait, je commençais à éviter toutes ces personnes qui s'immisçaient dans ma vie privée et me priaient de comprendre Guy-Patrick.

Je n'étais cependant pas au bout de mes peines. J'avais eu vent, en papotant avec une collègue au bureau, du retour d'une grande cousine à Matadi. Elle était déjà mariée quand Guy-Patrick et moi étions encore universitaires. Elle m'avait beaucoup encouragé dans cette relation, surtout qu'elle appréciait beaucoup Guy-Patrick. Elle était pour moi un modèle de réussite, parce qu'elle savait parfaitement bien gérer sa vie professionnelle ainsi que sa vie de femme au foyer ; elle savait tout concilier, avec une main de maître. Malheureusement, à regarder ma vie, je n'étais visiblement pas sur ses traces. Je redoutais une seule chose, qu'elle soit au courant de la situation réelle de mon foyer. Matadi étant une petite ville, c'était inévitable !

Après une dure journée, lorsque je franchissais le seuil de mon appartement, je sentis mon téléphone vibrer. Comme je n'avais pas la force de répondre, le correspondant ou la correspondante décidera alors de m'envoyer un SMS : « Hellooooo my dear lovely cousin! I'm Divina, and I'm just back. Please let's meet ASAP. Truly I missed you very much. I'm waiting for your call. I kiss you[1]. »

J'étais une fois de plus partagée entre la joie de la revoir et la lassitude, face aux reproches qu'elle avait sûrement déjà apprêtés à mon égard. La fatigue de la journée avait eu raison de moi et je m'étais endormie sans la rappeler.

Le lendemain matin, à la première heure, je pris mon courage à deux mains et vu que je l'aimais beaucoup et la respectais, je me résolus de l'appeler, et le rendez-vous fut pris pour le dimanche après-midi. Je tenais à mon repos et elle tenait à son culte dominical.

Et le moment convenu finit par arriver. En bonne Africaine, je lui avais préparé un bon riz avec du *pondu*[2] frais et d'autres mets qu'elle adorait. L'odeur du pondu l'accueillit depuis l'entrée, ce qui l'enchanta.

« Hey, Berniiiiiiii ! I am so happy to see youuuuu![3] Et je vais me régaler avec ce bon pondu, tu me connais vraiment bien toi. Excuse mes mots anglais, j'en ai pris l'habitude, tu sais » me lança-t-elle.

Quelques années avant mon mariage, Divina avait démissionné et suivi son mari Corneille au Kenya, vu que celui-ci y avait trouvé une opportunité en expatriation au sein d'une multinationale.

« Alors, comment va ta belle petite famille ? Je serais ravie de revoir Corneille et tes enfants » lui rétorquais-je, en guise d'accueil.

Elle prit le temps de me donner de leurs nouvelles. Corneille avait pris sa retraite et avait décidé de rentrer au pays pour mieux en profiter. Son fils aîné avait été engagé au Kenya dans la multinationale que son mari avait quittée la tête haute après plusieurs années de bons et loyaux services. Sa fille,

---

[1] Salut, ma ravissante cousine ! C'est moi Divina, et je suis juste de retour. S'il te plait, il faut qu'on se croise le plus vite possible. Tu m'as beaucoup manqué. J'attends ton appel. Gros bisou.

[2] Feuilles de manioc. Du saka-saka.

[3] Hé, Berni (le diminutif de Bernadette) ! Que je suis contente de te revoir !

quant à elle, était allée faire une spécialisation en Business and Administration à Londres. J'étais contente pour elle et imaginais aussi ce que deviendraient mes adorables jumelles dans les années futures, des cadres de distinction, tout comme moi.

Et puis, comme je m'en doutais, elle aborda enfin le sujet que j'évitais.

My dear cousin[4], j'ai appris ce qui se passe entre Guy-Patrick et toi. J'en suis vraiment navrée, I mean, I am really sorry for you, people[5]. Je ne sais pas réellement pourquoi lui et toi avez pris la résolution de ne pas vivre sous le même toit. Tu sais, il n'est pas bon qu'un couple, marié de surcroît, reste pendant une aussi longue période dans cet état. Lorsque Corneille a eu cette opportunité au Kenya, je n'ai pas hésité à le rejoindre. Nous avons décidé d'un commun accord, et j'avais abandonné mon travail. C'est parce que je tenais à la stabilité de mon foyer et je voulais absolument soutenir mon mari dans cette belle aventure. J'ai entendu dire que tu estimes que c'est à Guy-Patrick de te rejoindre. Je ne sais pas quelles sont tes motivations, puisque je ne suis pas à ta place, je ne connais donc pas les réalités profondes que vous traversez. Seulement, je te recommande de tout remettre entre les mains de Dieu ; et au cas où tu dois en discuter avec ton mari, fais-le en toute douceur, avec amour et humilité. Crois-moi, tu auras des résultats étonnants.

En ce qui concerne l'apparition soudaine du fils dont tu n'étais pas au courant, j'ai une petite anecdote à te raconter. Sais-tu que la mère de Corneille n'est pas sa vraie maman ? Mon beau-père avait eu une relation extraconjugale et Corneille en est le fruit. Sa vraie mère était une « fille de joie » pour ne pas être vulgaire. Il n'avait pas demandé à venir au monde et l'environnement dans lequel sa vraie mère évoluait n'était pas propice pour élever un enfant. Cinq ans après sa

---

[4] Ma chère cousine.

[5] Je crois que je suis vraiment désolée pour, mes amis.

naissance, sa mère a appris son existence à son père, avant de mourir, car elle était atteinte de la maladie du siècle, le SIDA. Évidemment, l'annonce de cette nouvelle à la femme de son père avait déclenché une guerre froide dans le couple et même dans la famille. La femme de son père avait fini par le lui pardonner et par accepter Corneille, ce bâtard, qui lui rappelait l'infidélité de son mari. Elle était une femme de foi et son pardon était réel, car elle a donné à Corneille tout l'amour de sa maman qui lui manquait et elle l'a élevé comme son propre fils. Ce qui a permis à Corneille de grandir dans un foyer stable et plein d'amour et il lui en est toujours reconnaissant, car c'est en grande partie grâce à elle qu'il est devenu un homme responsable dans la société.

Tu sais, Corneille n'a jamais été coupable de l'infidélité de son père ni des déboires de sa mère. Je te raconte cette histoire, pour que tu reconsidères ta position face à l'enfant de Guy-Patrick. Je sais que ce n'est pas facile à accepter, mais je t'en prie, mets-toi à la place de cet enfant innocent et pries pour cette situation, je suis certaine que le Seigneur va t'éclairer et te guider pour que tu prennes la bonne décision.

Mon dernier conseil, petite cousine, c'est que tu ne dois pas non plus t'éterniser à réfléchir. Plus le temps passe, plus tu diminues tes chances de remettre de l'ordre dans ton foyer.

Si j'ai pris mon courage à deux mains pour venir te le dire, crois-moi, c'est parce que je te porte dans mon cœur. Tu as longtemps été ma petite protégée, j'aimerai vraiment que tu sois heureuse et que tu ne regrettes pas tes décisions un jour.

Elle avait bien parlé, mais j'avais déjà entendu ce genre de discours ; et fidèle à ma stratégie ou par respect à son égard, j'avais choisi de ne pas me défendre, me contentant de lui faire la promesse d'y réfléchir afin de lui donner un feed-back dès que possible. Chose que je ne fis évidemment pas, car j'en avais plus qu'assez des remarques sur ma vie privée.

Divina passée, ça sera le tour de Zaze – ami d'enfance de Guy-Patrick qui, autre fois, était le facilitateur lors du passage de ce dernier à Matadi – de revenir à la charge. Il cherchait à me rencontrer, mais je l'évitais. Pourtant, il finira par m'avoir et on se rencontrera pour une trentaine de minutes dans mon bureau un après-midi. Et dès qu'il se mit sur la chaise que je lui avais présentée, il entamera son discours :

« Chère Belle-sœur, qu'est-ce qui ne va pas ? Apparemment, tu ne veux écouter personne. J'étais reçu par ton père qui s'est plaint et indigné de ta réaction. Et je suis justement venu pour te dire que ton mari t'aime en dépit de tout. Te rappelles-tu encore la réunion que nous avions tenue au sujet de ton emploi qui, jusqu'à ce jour, n'a jamais été résolu ? Ton mari a consenti à beaucoup d'efforts malgré l'humiliation qu'il a connue. Il vit seul à Kinshasa et toi, tu n'y vas rarement, pour ne pas dire quasiment jamais. C'est déjà là, un problème sérieux dans une vie de couple.

Et pendant que le vieux problème tarde à être résolu, celui de l'enfant s'ajoute. Tu ne comprends pas dans quelle situation morale se trouve ton mari. Il m'avait aussitôt contacté dès qu'on lui avait parlé de cette histoire. Loin de lui à Matadi comme toi, je lui ai donné, selon moi, les directives à suivre et les tests à faire pour s'assurer que cet enfant était réellement le sien.

Aujourd'hui, moi, je puis te rassurer que cet enfant est le sien et qu'il n'était au courant, ni de la naissance de cet enfant, ni encore des coordonnées de sa maman qu'il n'a plus revue depuis plus d'une décennie. Il aurait été un mauvais mari, ce qui n'est pas le cas, s'il t'avait caché cette histoire comme le font bien d'autres personnes. Mais te mettant toujours au centre de sa vie, il tiendra malgré tout à te mettre au courant.

Je me rappelle combien ce dossier le dérangeait et il se posait plusieurs questions sur cette histoire. Je viens te supplier de le comprendre et de revenir aux bons sentiments. Considère cet enfant que comme le tien.

En plus, cette femme-là est dans l'article de la mort, à moins que Dieu lui accorde sa faveur. Aucun mari digne de ce nom et animé de l'amour divin ne pourrait abandonner son sang dans la rue ; car un inconscient aura toujours des comptes à rendre à Dieu.

Voilà, en quelques mots, l'objet de ma visite. Que Dieu t'aide et t'éclaire pour sa plus grande gloire. »

Ce jour-là, j'étais de mauvaise humeur et Zaze a eu la malchance de venir au mauvais jour. Et il en fera les frais, car mes propos n'étaient ni assaisonnés de sel ni accompagnés de grâce. J'étais brève, précise et dure :

« Cher Zaze, je suis fatiguée de ton ami et frère qui ne fait que me foutre dans le pétrin. Un mari trop suffisant et trop sûr de lui. Malgré ses maigres revenus, il a toujours insisté pour me faire rapatrier à Kinshasa. Pour lui, la femme n'a sa place uniquement qu'au foyer. Et je regrette de l'avoir eu comme mari, un attardé qui ne sait pas voir que les choses changent et que nous ne sommes plus au Moyen-âge et encore moins en pleine Antiquité. Et avec quels moyens, allions-nous vivre à Kinshasa ? Il veut vraiment que nous puissions vivoter ou quoi ?

Aujourd'hui, c'est encore lui qui s'emmène avec un soi-disant enfant né avant notre mariage. Bête que je suis, je suis obligée de me plier et d'accepter toutes ses sottises. Je pense qu'il est temps qu'il fasse sa vie, et que moi, je ferais la mienne. Sinon ça sera encore moi qui vais continuer à envoyer de l'argent pour cette bouche de plus qui s'est ajoutée pendant que le soi-disant chef de la maison ne fait rien, si ce n'est que consommer. J'en ai marre de ce mariage.

Je n'ai jamais compris pourquoi mon mari tient à ce que j'abandonne mon emploi pendant qu'en retour, il n'arrive pas à assumer toutes ses charges familiales. C'est inconcevable, ne le vois-tu pas ? Je réalise qu'on n'a pas la même manière de concevoir la vie. Il est donc temps d'en finir. Va lui dire tout ce que je viens de t'étaler, et me fous de sa réaction. D'ailleurs il n'a rien à me foutre, ce bon à rien !

Merci pour ta visite. Il faut que tu partes parce que j'ai du travail qui m'attend.

Excellente journée ! »

Cependant malgré je lui ai, pour ainsi dire, chassé de mon bureau, Zaze me fera une autre déclaration :

« Ah bon ! C'est comme ça que tu réagis et me réponds ? Pas de problèmes, mais avant qu'on se sépare, je voudrais te dire que le devoir solennel d'un parent digne de ce nom est de donner à son enfant tout ce qu'il peut pour son bonheur. Ton mari en fait partie et c'est dans ce souci majeur qu'il t'a fait part de ce problème, car il a beaucoup de considération pour toi. Je t'invite seulement à lire la Parole de Dieu, précisément dans le livre de Colossiens au verset 13 du troisième chapitre qui dit exactement ceci : "Supportez-vous les uns les autres, et si l'un a sujet de se plaindre, pardonnez-vous réciproquement. De même que Christ vous a pardonné, pardonnez-vous réciproquement." Merci pour l'accueil, et à plus ! »

Avec ce départ, j'étais restée seule au bureau, l'air triomphant, car les attaques s'enchaînaient et je m'en sortais sans casse. Pourtant ça n'arrêtait pas, car quelques jours plus tard, c'est Guy-Patrick en personne qui m'appellera avec un numéro masqué depuis une cabine téléphonique ; la seule stratégie qui lui permettait de m'atteindre, puisque son numéro enregistré dans mon portable avait de moins en moins droit de cité. À travers sa voix, j'avais senti qu'il tremblait pendant l'entretien, ce qui revient à dire qu'il était à la fois triste et énervé. Et la teneur de sa communication se déclinait comme suite :

« Allô, Bernadette ! C'est Guy-Patrick. Ça fait des lustres que tu refuses de me répondre, ni par le téléphone ni par courrier électronique, moins encore par les personnes interposées que je t'envoie. Tu as raison de te fâcher, je te le concède. Tu es libre de réagir comme tu veux, je te comprends. Cependant tu es ma femme, voilà pourquoi, je me devais de te parler de ce sujet afin de trouver ensemble un compromis. Mais je réalise que tu ne veux pas comprendre et tu fais vraiment preuve de mauvaise foi.

J'ai également appris beaucoup de choses auprès de gens que tu connais, à qui tu as demandé de me rapporter tes propos.

J'accepte tout ce que tu dis. Si tu veux te séparer de moi parce que je n'ai pas autant d'argent que toi, tu es libre. Je ne peux pas te forcer. J'ai fait tout ce que j'ai pu pour te ramener à la raison, acceptant même cette humiliation de recourir à tout ce qui me tombe entre les mains juste dans le but de te raisonner, et bien que connaissant que le plus grand danger pour un foyer, c'est d'étaler les affaires internes sur la place publique, mais j'ai accepté d'avaler toutes ces couleuvres juste pour sauver notre mariage ; malheureusement cela n'a servi qu'à endurcir ton cœur jusqu'à te rendre exécrable.

Je t'aime toujours et n'imagine nullement ma vie sans toi, même quand tu me fausses compagnie pendant des années, je reste à la maison comme un idiot à t'attendre. Mais la patience a des limites, et ne me pousse pas à bout.

Je te rappelle aussi qu'avec le peu que je gagne, je peux bien vivre avec mes enfants et leur donner une bonne éducation de manière à plaire aussi à Dieu. Je ne t'ai jamais demandé ton argent, et ça, tu le sais depuis l'université. J'ai été éduqué ainsi en me contentant de ce que j'ai, et en ayant en tête que Dieu ne m'abonnerait jamais. Lorsque nous n'étions qu'étudiants, et même quand tu n'occupais pas encore tes responsabilités actuelles, tu déclarais au monde entier combien j'étais l'homme qui te convenait pour la vie. Aujourd'hui je ne suis plus de ton niveau ? Pas de problèmes, j'accepte. Je vais continuer à ma manière à prendre soin de mes enfants avec mes moyens et je sais qu'avec Dieu, ils ne manqueront de rien ; l'Éternel étant notre bon Berger.

Je t'ai juste appelé pour dire que je suis déçu de ton comportement. Et comme tu tiens à faire ta vie, fais-la.

Merci pour tout ! »

D'habitude, je suis astreinte à de longues répliques, mais cette fois-là, je ne lui réservais que trois petites phrases : « C'est ce que tu avais à dire ? C'est tout ? Merci et au revoir ! »

Puis le signal se coupa, cette conversation avait vécu. Deux semaines plus tard, j'apprendrai que Guy-Patrick avait ramené son fils Charles Bundu à la maison. Les jumelles avaient l'habitude de l'appeler « Ya Charly » pour dire « Grand frère Charles » en lingala. Et en réaction, je dirai plutôt en représailles de cet acte qui n'était à mes yeux qu'un crime, j'avais décidé de ne plus leur verser la pension alimentaire mensuelle, juste pour éviter que ce petit garçon, cet intrus dans mon foyer en bénéficie.

J'espérais les étouffer ainsi, mais en sondant secrètement la nounou, je découvrais que curieusement les choses se passaient normalement ; ce qui m'énervait davantage, car j'étais en quelque sorte confondue puisque je m'attendais à ce qu'ils triment.

Voilà, mon amie, Marie-Louise, comment les choses se sont compliquées et je le regrette amèrement aujourd'hui.

Je compte aller en retraite dans un monastère d'ici la fin de la semaine. Si je ne réagis pas à ton mail, sache que je suis encore en retraite. Je serais très heureuse de te lire et salutations à Serge-Emmanuel ainsi qu'aux enfants.

Bien sincèrement.

Bernadette Eyengi

Lettre 6. De Marie-Louise

Bruxelles, le 15 mai

Bien aimée Bernadette,

Que la Grâce de notre Seigneur Jésus-Christ soit avec toi ! C'est depuis Bruxelles que je t'écris très rapidement cette lettre en guise de réponse à ta toute récente.

En effet, je suis à Bruxelles dans le cadre d'une formation professionnelle d'une semaine. Il me reste juste deux jours en plus du week-end avant que je prenne le train qui me ramènera chez moi à Mantes-la-Jolie.

Serge-Emmanuel ne cesse de penser à toi et c'est presque tous les jours qu'il s'en soucie. Dans ses humbles prières, tu es parmi les sujets favoris qui reviennent régulièrement. Et je continue à croire que Dieu fera quelque chose pour toi.

Bernadette, ma sœur, la lecture de ta dernière lettre me pousse à te dire bien des choses. Évidemment, je ne te condamne pas. Le manque d'information et de connaissance dans certaines choses de la vie nous pousse des fois à adopter un comportement que nous regrettons bien plus tard. Pas plus tard qu'hier dans la formation, j'ai lu un travail de fin de cycle que détenait une collègue avec qui nous sommes de temps en temps. Et dans l'épigraphe de ce travail, il était écrit ce qui suit : « L'arrogance précède la ruine, l'orgueil précède la chute. » Cette pensée était de Confucius qui fut un grand philosophe et premier éducateur de la Chine.

L'arrogance et l'entêtement vont souvent de pair et cela n'est pas de Dieu. On ne peut retrouver chez un enfant de Dieu, femme mariée de surcroît, de telles semences. La femme, comme je ne cesse de le répéter, ma sœur et amie, est appelée à la soumission. Être têtue comme une mule te conduira toujours à la ruine. Ta place est toujours à côté de ton mari, car vivre loin de lui juste pour la poursuite des biens matériels ne fera que détruire ton couple à petit feu.

L'amour doit s'entretenir comme une fleur qui demande d'être arrosée quotidiennement. Penses-tu qu'à distance, tu seras en mesure d'entretenir ton mariage ? Matériellement, cela est réalisable, mais sentimentalement, je ne pense pas. Ma sœur, Dieu qui nous a créées n'est pas content de nous lorsque nous nous entêtons. Cela l'attriste. Ma sœur, accepte Jésus-Christ comme Seigneur et Sauveur, reviens à Lui, il changera l'histoire de ta vie.

Comment pourras-tu t'attendre à un bonheur et à être heureux pendant que tout ce que tes parents te demandent de faire, tu ne le fais pas ? Ne sais-tu pas que la Bible dit : « Enfants, obéissez en toutes choses à vos parents, car cela est agréable dans le Seigneur » ? (Colossiens 3.20)

Aussi, je ne comprends pas ton obstination exagérée à la demande de ton mari de le rejoindre à Kinshasa. Il en va de ton bonheur. Et je te le rappelle encore une fois : ce n'est pas l'argent qui fait le bonheur.

Enfin, je t'ai lu au sujet de l'histoire de l'enfant que Guy-Patrick vient de se voir attribuer la paternité, un enfant dont l'existence lui avait été cachée pendant seize ans. Je pense que tu dois faire confiance à ton mari et croire à tout ce qu'il te dit. Tu sais qu'on se connaissait tous et qu'il était aussi proche de moi. Sincèrement, s'il était au courant de cette histoire, déjà à l'époque, nous serions tous au courant.

En plus, les garçons ne sont pas compliqués comme les filles. Au lieu de le rejeter, tu auras plutôt intérêt à l'accueillir à bras ouverts, à lui gratifier toute l'affection qu'il recevait de sa mère biologique qui, selon ce que tu m'as écrit, décédera bientôt. Ma chère, j'en appelle à ton cœur de femme, un cœur tendre qui sache accorder l'amour et le pardon même là où les hommes – eux qui ont souvent le cœur dur – trouvent impossible.

Pense un peu à ce garçon qui voit déjà sa maman partir. Si tu le traites comme ton propre fils, ça lui sera d'une très grande compensation, car pour lui ça sera juste une maman de perdue et une autre de retrouvée. Mais si en perdant sa maman, elle tombe sur une autre qui lui fasse vivre l'enfer, ne vois-tu pas que tu briseras son cœur au point qu'il se mette à regretter non seulement le fait de venir au monde et d'avoir pour père ce Guy-Patrick dont les autres enfants vivent dans la joie alors que lui souffre moralement, mais surtout qu'il risquera d'en vouloir à Dieu pour lui avoir ôté sa maman, la seule personne au monde qui lui a témoigné de l'affection, pour le mettre entre les mains des méchants dont le seul souci ne sera que de lui pourrir l'existence ? Ma chère, je te conjure de tout faire en vue d'éviter que personne ne haïsse Dieu à cause du mal que tu lui aurais causé.

Franchement, Bernadette, je te convie de revoir ta position, et ouvrir ton cœur à cet enfant qui ne cherche pas du tout à devenir ton ennemi. Et je suis convaincue qu'en faisant cela, tu auras désormais un fils qui pourra aussi s'occuper de ses sœurs.

J'ai été désolé de lire tout ce que tu as pu dire à l'ami de ton mari qui n'était venu que pour essayer de réparer ce qui est cassé au sein de votre couple, employant et son temps et ses énergies pour vous réconcilier. Mais les propos tenus à son endroit m'ont franchement déçue et surprise.

La femme doit toujours se soucier du respect de son foyer par sa manière de garder certains secrets du couple. Tu n'étais pas obligée de tout lui dire, même si certains faits sont vrais. Là, c'est tout le monde qui a vu la nudité de ton mari et tu l'as humilié. Je connais des foyers ici en Europe, même pendant que j'étais au pays, où la femme s'occupait de son mari en tout et pour tout, sans que cela ne soit connu de leur entourage.

Et à propos des enfants extraconjugaux, moi qui t'écris, peut-être que tu l'as déjà oublié, mais je te rafraichis la mémoire en te rappelant que Serge-Emmanuel aussi avait eu un enfant avant notre mariage. C'est une fille et tu sais qu'une fille est difficile à dompter, car elle te considère des fois comme sa rivale ou la rivale de sa maman. Mais pour l'équilibre et la paix de mon foyer, j'avais demandé à Serge-Emmanuel de la faire venir ici en Europe.

Certes, au début, l'intégration n'était pas facile, car nous n'étions pas sur la même longueur d'onde, au vu de l'éducation qu'elle avait eue en Afrique, mais aujourd'hui, les violons se sont accordés par la grâce de Dieu et elle fait la fierté de notre famille. C'est pratiquement elle qui s'occupe de ses frères. À titre d'exemple, pendant que je poursuis mon séminaire ici à Bruxelles, c'est elle qui s'occupe de ses frères, de son père et de la maison.

Comme l'a dit Confucius, l'arrogance conduit à la ruine, apprends donc à être humble et discrète sur la gestion de ta petite famille, car une femme ne se comporte pas ainsi. Tu veux la paix et la réussite dans ton foyer, je répète, apprend à être discrète, humble et sois soumise. Ainsi, le Dieu du Ciel verra ta façon d'agir, t'élèvera, te bénira et te fera du bien.

L'arrogance est une maladie que seul l'Éternel des Armées peut guérir. C'est aussi un péché que lui seul peut pardonner lorsque tu t'humilies. Je ne saurais être longue comme je te le dis, car je suis en pleine formation. Si j'ai été dure envers toi, je te prie de m'en excuser. Je ne veux que ton bien.

Que la Paix soit avec toi, ma sœur !

Bien cordialement.

Marie-Louise Mosealé

CHAPITRE 4.   LA MAUVAISE COMPAGNIE

Boma, le 22 juin
À ma chère Marie-Louise,
Bonjour !

Quelle que soit la déprime qui me tenaille ces derniers temps, c'est toujours un réel plaisir pour moi, non seulement de te lire, mais aussi de t'écrire afin de partager avec toi ce qui se trouve au plus profond de moi. Franchement ton courrier me sert d'antidépresseur en ces moments de déprime, et je trouve le temps insupportablement long en attendant le prochain.

À propos de ce que tu m'as écrit récemment, ne t'inquiète pas, ma chère. Ça ne m'a pas du tout déplu, au contraire je l'ai plutôt pris pour une leçon magistrale, et je prie que Dieu me donne la force et la volonté de l'appliquer. Je t'en remercie sincèrement.

Comment a été ta formation ? J'espère que ça s'est bien terminé et qu'à ton retour, tu as trouvé toute la famille en bonne santé.

Pour ce qui me concerne, je vais bien en dépit de quelques petits soucis dont je t'épargne les détails, mais je sais que ça ira. Tu as raison sur toute la ligne, car avec un peu de recul, je me rends compte que j'avais fait des stupidités que je regrette douloureusement.

Un soir, comme d'habitude, après le service, la Haute Direction de l'entreprise avait organisé une grande cérémonie solennelle à l'occasion du départ en retraite de deux employés admis à faire valoir leur droit à la retraite. C'était une haute commémoration à la fois pleine d'allégresse et de chagrin où, hormis nos employés, il y avait de hauts responsables d'autres entreprises et des autorités de la ville de Matadi venus célébrer ces deux retraités.

Accompagnés des membres de leurs familles respectives venus en grand nombre, ces deux retraités avaient reçu des mains du Président du Conseil d'Administration de l'entreprise, des cadeaux en nature et autres tels que : des congélateurs, des télévisions à écrans plats de dernière génération, des pagnes, des titres de voyages, etc. Tous ces cadeaux leur avaient offert en plus de leurs indemnités de fin de carrière, et ce, en reconnaissance de bons et loyaux services rendus.

En effet comme le hasard arrange bien les choses, parfois à notre profit et parfois à notre détriment, je me suis retrouvée dans la salle autour d'une table exclusivement féminine. Nous y étions toutes cadres, chacune assumant de grandes responsabilités dans son domaine au sein de la ville, et la manifestation se déroula dans un cadre convivial, à mon avis : signalons seulement que forte de mes convictions, trouver des femmes gonflées à bloc pour vanter une féminité conquérante était plutôt une partie de plaisir. Et j'en avais été bien servie, parce chaque femme autour de moi s'excellait à raconter sa vie. Elles voulaient à tout prix communiquer sur le chaos qui sévissait dans leurs foyers, comment elles en décousaient avec leurs belles-familles ou des enfants que leurs maris avaient eus avant ou pendant le mariage...

Franchement, Marie-Louise, c'est vrai. Certaines personnes que nous rencontrons, même pour une dizaine de minutes, peuvent constituer notre occasion de chute. Ça, je ne m'en rendais pas compte. À titre d'exemple, ma voisine de gauche, Bijoux, qui était la responsable administrative et financière d'une messagerie financière, fera l'apologie de son expérience en se vantant de la mauvaise manière dont elle traitait l'enfant de son mari. Pour elle, cet enfant était un sorcier, car depuis son arrivée à la maison, plus rien ne marchait et son mari avait perdu son emploi. Et pour finir, elle déconseilla formellement aux femmes d'accueillir ces « petites vermines » que leurs maris rapporteraient de l'extérieur.

Pour ton information, toutes ces femmes, y compris moi-même, prenions de l'alcool et fumions des cigarettes. Naturellement, sous les effets de la boisson, les dérapages marchaient comme sur des roulettes et la conversion devenait de plus en plus intéressante, contrairement au début de la soirée où tout le monde se réservait.

À propos, le bal sera ouvert avec une question de Bijoux : « Dis-moi, Éliane, il paraît que l'entreprise qui emploie ton mari serait sur le point de fermer, selon une source sûre ? »

« Oh, n'en parle pas ! répond celle-ci en maugréant. Ce sera carrément ma mort, mon amie. Déjà je suis obligée de l'épauler, car son revenu ne représente pratiquement rien du tout. D'ailleurs voilà plus de trois mois qu'ils sont payés à compte-gouttes. Le comble, c'est malgré que je prends toute sa famille en charge, celle-ci estime toujours que je n'en fais pas assez. C'est aussi dommage d'avoir une belle-famille composée des gens qui ne comprennent rien. »

Ensuite, c'est à Andréa d'entrer dans le débat : « Les belles-familles sont toujours ainsi. Quoi que tu fasses, ça ne leur dit absolument rien. Elles pensent que c'est toi qui bouffes l'argent de leur enfant et s'en énervent à tel point qu'elles cherchent toujours des problèmes. »

Andréa ayant fini son allocution, c'est au tour d'Antoinette de monter au créneau : « Je me rappelle l'an passé, mon mari avait perdu son oncle et comme à l'époque, il était chômeur, j'étais obligée de tout prendre en charge pour ses funérailles. Dans tous les cas, mon mari, cupide qu'il est, même s'il avait un emploi à l'époque, je ne pense pas que ses dépenses seraient à la hauteur des miennes. »

Puis la parole revient à Bijoux qui avait ouvert le forum : c'est pour ça que moi, j'ai décidé à faire certaines choses en privé et à l'insu de mon mari pour que le jour où Dieu le rappellera, je n'aie pas de problèmes avec l'avenir de mes enfants. Je sais que la belle-famille finira par nous dépouiller de tout ce qu'il nous laissera, car j'ai vu ce qu'elle avait à la mort du petit frère de mon mari. Que ce pénible ! »

Finalement l'honneur échoira à Andréa d'enfoncer le clou : « C'est vrai, il faut se préparer, car l'homme prudent voit le mal de loin. Mon mari avait eu un enfant en dehors du mariage. Et comme vous ne pouvez l'imaginer, c'est ma belle-mère en personne qui me mettra de la pression en exerçant un insupportable chantage pour m'obliger à accepter ce bâtard sous mon toit. Et depuis son arrivée, cet enfant n'a jamais été une source de paix. Une fois, notre mariage a frôlé la rupture à cause de cet enfant qui, à mon avis, ne serait qu'un envoyé de l'ennemi pour nous détruire. Je ne vous conseillerais donc jamais, mes amies, de commettre la même erreur ; parce que ce que je vis avec cet enfant, je ne sais comment le qualifier. »

Et la soirée s'était achevée, cette espèce de conclave des femmes révoltées était entrée dans mes annales. Franchement, tout ce qui s'y était dit m'avait plus que jamais confortée dans ma position. Comme ceux qui se ressemblent s'assemblent, nous avions tissé des liens d'amitié, un solide attachement qui nous permettait de nous rencontrer le plus souvent. La blague, c'est que notre groupe s'appelait « les Grandes Dames », GD en abrégé ; juste pour montrer combien nous étions devenues une famille. On achetait les habits dans les mêmes boutiques, fréquentait désormais le même salon de coiffure… Bref, on faisait tout ensemble.

Nous nous soutenions et conseillions mutuellement. À l'instar de la devise des Mousquetaires, un pour tous et tous pour un, le problème de l'une devenait le souci de toutes qui s'en préoccupaient volontiers.

Comme tu le sais, mon amie, partout où il y a des femmes, en dépit de cette solidarité manifeste et ce sens de familiarité soutenue, les problèmes ne peuvent pas manquer. Et même si nous avions pris l'habitude de faire nos courses ensemble et aux mêmes endroits même si toutes nous n'avions pas les mêmes revenus. Cette situation poussait certaines femmes du groupe à vivre au-delà de leurs possibilités dans le seul but de paraître, de donner l'impression qu'elles avaient, elles aussi, de gros revenus, alors que la réalité en était toute autre. Par conséquent, l'hypocrisie s'était installée, suivie d'un manque flagrant de franchise, et le tout, accompagné d'une jalousie cruelle. Bien qu'on gardât les apparences d'une forte amitié, la concurrence demeurait notre vécu. Il fallait vraiment être trop attentif pour apercevoir que cette familiarité n'était qu'un simple vernis.

Maintenant que j'y repense, je réalise encore comment mes dépenses montaient en flèches.

Un jour, Andréa avait un accrochage avec son mari à cause de la méconduite répétitive de ce dernier. Dès que nous nous sommes retrouvées le soir dans un restaurant huppé de la ville comme d'habitude, elle n'avait pas hésité de nous en faire part. Nous avions pris l'habitude de fréquenter ce restaurant pour deux raisons : non seulement qu'il offrait le meilleur séjour agréable, il était aussi l'unique endroit qui vous donnait une belle vue panoramique sur le fleuve, le port et la ville de Matadi.

On se connaissait désormais, du moins, à travers ce que nous apercevions, Bijoux était la plus impulsive de toutes. Aux dires d'Andréa, ses réactions étaient directes et énergiques à telle enseigne qu'Andréa envisagea de se séparer de son mari. Heureusement que ce jour-là, la majorité n'était pas d'accord avec cette idée. Et à l'issue d'une sorte de vote organisé dans le groupe, Andréa parvint à faire machine arrière, évitant ainsi de gâcher son mariage gravement mis en péril à cause de l'influence d'une amie aussi encombrante.

Dans la plupart des cas, après les débats de ce genre, on pouvait remarquer que Bijoux se fâchait et se retirait par moments du groupe si l'on n'intervenait pas. Certaines étaient mécontentes et rancunières à cause de tels ou tels propos tenus, et ainsi de suite. Mais les médisances, les calomnies, les mensonges et les canulars commençaient à nous envahir et à nous détruire ; ce qui fit qu'Éliane et Antoinette prirent quasiment leurs distances du groupe.

En effet, Éliane, la plus jeune d'entre nous, n'était pas contente du fait qu'elle avait fait une confidence à Andréa au sujet de sa situation financière, et que la nouvelle fût répandue dans le groupe. Cela généra des problèmes que nous ne pûmes gérer. Ainsi, le nombre des membres du groupe se réduisait en peau de chagrin et les fréquentations baissaient petit à petit de rythme. Andréa était la plus âgée de toutes et sur le plan professionnel, elle était Présidente du Conseil d'Administration d'une Coopérative d'Épargne et de Crédit.

Tout le monde se méfiait désormais de tout le monde. Les propos sortis lors de la tentative de réconciliation d'Andréa et d'Antoinette avaient fait peur et avaient plus ou moins révélé l'état d'âme de chacune. On se croyait être en famille, mais en réalité ce n'était pas le cas. À la place, des signes précurseurs d'une mauvaise amitié firent jour, malheureusement nous ne nous en rendrons compte que trop tard, car les dégâts étaient déjà là.

Du coup, j'avais réalisé que certains conseils que je considérais être les meilleurs du monde et que j'appliquais avec dévouement ne servaient qu'à endurcir mon cœur dans le seul but de détruire mon foyer. C'est ce que je regrette amèrement.

Voilà, chère sœur, comment les amies m'ont conduite dans le gouffre. J'ai compris que les intérêts détruisaient à petit feu notre amitié, alors que par essence, les amis devaient constituer une raison de notre épanouissement, notre développement et notre bien-être. Malheureusement j'ai appris *the hard way*, comme disent les anglophones, donc dans la douleur, que certaines personnes qui donnent l'impression d'être de bons amis ne sont en réalité que des vautours qui planent autour de nous pour nous embobiner avec de mauvais conseils, profitant ainsi de notre richesse et de notre position sociale afin d'atteindre leurs objectifs intrinsèques en nous détruisant finalement.

Oui, c'est avec peine que je termine cette lettre parce que je réalise aussi que mes amies que je pensais bonnes ne l'étaient pas du tout. Malheureusement, c'est déjà trop tard !

Le seul point positif que je puisse garder de mes amies des GD, c'est l'acquisition – grâce à leurs encouragements – des biens mobiliers et immobiliers importants que je ne regrette pas aujourd'hui.

J'espère encore te lire très bientôt, et je suis déjà impatiente de t'écrire une prochaine lettre, car j'ai encore beaucoup de choses à te relater. S'il te plait, ma chère Marie-Louise, ne me trouve pas embêtante de te bombarder avec mes lettres, car tu restes l'une des personnes de confiance que j'aie au monde. Étant donné que j'ai le cœur serré avec ce qui me tourmente dans la conscience, j'ai besoin de me décharger sur quelqu'un et je pense que tu es la bonne personne. Rassure-toi que pour moi, tu n'es pas qu'une amie. Tu es surtout un médecin. Et à chaque fois que je t'expédie ma missive, je me mets dans la peau d'un malade qui part en consultation. Inutile de te dire que tes réponses me font l'effet d'un traitement.

Sincèrement, tu es quelqu'un de bien. Si nous étions en contact permanent, j'aurai évité tous ces déboires. Ne pas de te le dire serait ingrat de ma part. De toutes les amies que j'ai eues, c'est toi qui mérites à mes yeux le qualificatif de meilleure.

Prends soin de toi, et mes salutations les meilleures à ton cher mari, Serge-Emmanuel !

Au revoir et à très bientôt.

Bernadette Eyeng

LETTRE 8. DE MARIE-LOUISE

Amsterdam, le 25 juillet
À ma très chère Bernadette,
Que la grâce et la paix te soient données de la part de l'Éternel Dieu tout-puissant !
En vérité, j'avais besoin de te rédiger une très longue lettre, cependant suite à certaines contraintes, je serai brève parce que, comme tu le constates, je suis aux Pays-Bas, précisément en Amsterdam, dans le cadre d'une formation sur les nouvelles technologies de l'information et de la communication. Je vais donc y séjourner pendant deux semaines.

C'est la première fois que je visite cette ville depuis mon arrivée en Europe. Ici, les températures sont plaisantes. Il y fait parfois chaud sans toutefois que la température atteigne des degrés extrêmes. Et il paraît que, comme en hiver, la pluie et les nuages sont fréquents, mais il n'est pas inhabituel de connaître de brusques chutes de température en plein été.

Quelles sont les nouvelles de Matadi et du pays ? Je voudrais te rassurer de ne pas te déranger, car autant que je te lis, autant que mon plaisir décuple. Laisse-moi te dire que même très loin de moi, tu demeures une amie intime dont je ne peux me passer.

Comme je l'ai dit, je serai brève parce que la formation me prend du temps et je rentre à l'hôtel le soir totalement épuisée. Je crois que le Saint-Esprit m'aidera à t'écrire ce qui est bon pour toi en ce moment précis, des paroles qui te fassent vraiment du bien.

Chère sœur Bernadette, j'ai toujours dit aux femmes qu'il faudrait bien faire attention aux personnes qu'elles fréquentent, car Cervantès, le célèbre auteur espagnol nous a gratifiés d'un adage très interpellant : « Dis-moi qui tu fréquentes, je te dirai qui tu es. »

En effet, on ne se rend pas compte qu'à force de côtoyer des gens d'un certain milieu, on adopte sans le savoir les mêmes attitudes et les mêmes comportements. Si c'est un bon comportement, il n'y a pas de soucis ; par contre si c'en est un mauvais ; c'est là où le bât blesse. D'ailleurs la Parole de Dieu nous met en garde à travers ce passage : « Ne vous y trompez pas. Les mauvaises compagnies corrompent les bonnes mœurs » 1 Corinthiens 15:33.

J'en ai vu de toutes les couleurs ici en Europe où les femmes de notre pays, à cause des mauvaises fréquentations, adoptent des conduites qui portent préjudice à l'harmonie de leur couple et finissent par le regretter plus tard. Devenant plus européennes que les Européennes elles-mêmes, ces femmes adoptent certains usages qui ne sont pas de notre culture, mettant également de côté la Parole de Dieu au profit de leur liberté et leur cupidité.

Toutes ces pratiques courantes dans certains milieux ou clubs de femmes communément appelés « Moziki », si l'on n'y prend garde, ça finit par détruire ta vie et ton foyer au profit du lucre. Et à cause de leur mercantilisme, plusieurs femmes ont chassé leurs maris du domicile conjugal en ne s'appuyant que de la loi qui les protège comme étant des êtres faibles. Ainsi, chassé, le mari qui s'est battu contre vents et marées pour le bien de sa famille se voit en un clin d'œil privé du droit de voir ses enfants et de s'approcher de sa propre maison.

Il faudrait vraiment faire attention, car, comme tu l'avais reconnu dans tes lettres précédentes, les personnes que nous côtoyons peuvent constituer une occasion de chute. Beaucoup de foyers ici en Europe ont été détruits justement à cause de ces mauvaises fréquentations. Et c'est bien dommage, car ce sont souvent les femmes, sagement intoxiquées par leurs paires, qui tombent plus dans ce piège de l'ennemi.

Je t'invite donc, ma sœur, à bien reconsidérer tes voies et à bien sélectionner dans le futur tes amies. Il en va de ton bonheur !

Détrompe-toi, mon amie, l'influence d'une mauvaise fréquentation n'est pas facile à gérer. Elle est très forte. Les bons amis conduisent vers le bon chemin, chemin du bien, du beau et du Seigneur ; tandis que les mauvais amis nous conduisent dans le mal et dans tout ce qui ne glorifie pas l'Éternel notre Dieu. Ainsi, il est prudent et sage de se séparer de mauvais amis ou de les côtoyer de moins en moins que de demeurer avec de telles personnes qui ne peuvent que t'apporter des ennuis. Tu peux encore lire la Sainte Bible et plus exactement le livre de Proverbes au chapitre premier du dixième au dix-neuvième verset. Tu seras édifiée !

En te lisant, j'ai réalisé que tu prenais non seulement de la boisson alcoolisée, mais aussi des cigarettes. De là, j'ai compris que le tabac et l'alcool t'accompagnaient bien souvent dans tes réjouissances et t'aidaient à passer réellement les moments de déprime en te procurant un soi-disant bonheur. Sans entrer dans les débats bibliques et autres considérations en termes de foi, je voudrais tout simplement te dire ce qui suit :

Premièrement, parlant du tabac, ne sais-tu pas ce qu'elle produit comme méfaits, surtout pour les femmes ? Le fait de consommer du tabac détruit à petit feu le corps humain. Il conduit à bien des maladies comme celles des poumons et du cœur, avec des risques d'attaques cardiovasculaires et de cancers, etc. pour ne citer que celles-là. Il est aussi dit que plus tu en consommes, plus il agit sur ton teint qui devient de plus en plus terne. Enfin, le tabac pris par les parents a de nombreux effets manifestes sur les fœtus et les enfants, quel que soit l'âge.

Concernant l'alcool, tout comme le tabac, il provoque également des dommages. Pour ton information, dans ma famille, j'ai déjà perdu deux cousins à cause de sa consommation exagérée. Ils sont décédés respectivement de cirrhose du foie et du cancer. L'abus d'alcool favorise donc certaines maladies mentales à l'instar de la dépression et des troubles du comportement. Merci de prendre en considération ces conseils.

Et pour te quitter, j'ai remarqué que tu ne m'as pas donné les nouvelles de Guy-Patrick ni celles des enfants ! J'ai besoin de savoir comment ils vont.

Toujours là pour toi !

Prends bien soin de toi et à très bientôt !

Marie-Louise Mosealé

CHAPITRE 5. LA PATIENCE, L'IMPATIENCE ET LA REACTION DU MARI

Kinshasa, le 30 août
À ma chère Marie-Louise,
Salut ma belle !

Je suis très heureuse de t'écrire encore et encore, tout en espérant que tu te portes à merveille. J'espère que tu avais bien terminé ta formation d'Amsterdam et que tu as une valeur ajoutée actuellement par rapport à ton arrière-plan.

Me concernant, je vais bien maintenant après une crise de malaria qui m'avait terrassée ces deux dernières semaines. J'étais finalement contrainte de suivre un traitement à la quinine que j'ai dû éviter pendant plusieurs années afin que cette maladie qui persistait perde son combat face à cette cure pénible, mais salvatrice quand même. Par ailleurs, j'espère que Serge-Emmanuel et les enfants se portent très bien.

Chère Marie-Louise, sans être contredite par qui que ce soit, tu es la seule sœur et amie sur qui je peux compter et avec qui j'ai toujours aisément envie de partager tout ce qui se trouve dans mon cœur. Comme tu le sais, avec tous ces incompréhensions et manques de communication avec Guy-Patrick, ça faisait toute une éternité que nous n'étions plus en contact.

Aussi, comme je l'avais dit, je n'envoyais plus rien aux enfants et avais coupé tous les ponts avec eux. Le seul fait d'apprendre que cet enfant était à la maison me suscitait une sorte de nausée, de colère et d'exacerbation inexplicables. Ce qui fait que plus d'une fois, j'étais à Kinshasa sans leur rendre visite, et cela sous l'influence des GD qui m'ont franchement conduit dans l'abîme.

En revanche Guy-Patrick de son côté continuait à envoyer des émissaires pour tenter une réconciliation, mais sans succès, car je recevais les uns et évitais les autres.

Finalement un jour, pendant que j'étais à Kinshasa, je vis débarquer Guy-Patrick dans mon Hôtel. Il m'attendait dans le hall et dès que je fis mon apparition, il se pointa devant moi à la vitesse de l'éclair pou m'intercepter, au point je ne pouvais pas l'éviter. Et comme j'étais en compagnie d'une autre collègue, je la prierai de me précéder tout en lui promettant de l'y rejoindre sous peu.

Au fait, on sortait uniquement parce que l'ennui était devenu notre lot à l'Hôtel. Bien plus tard, je comprendrais qu'il en était informé par une de mes collègues.

- Bonjour Bernadette ! avait-il commencé. Puis-je avoir une minute ? Je voudrais te parler.

- Bonjour Guy-Patrick, avais-je réagi ! Comment sais-tu su que j'étais là ?

- Ce n'est pas un point inscrit à l'ordre du jour et ce n'est pas important. L'essentiel est que tu sois là et qu'on puisse finalement échanger afin de tirer les choses au clair.

- On peut s'asseoir de l'autre côté du jardin, lui dis-je. Je t'écoute, vas-y !

Et une fois assis autour d'une table, Guy-Patrick entamera ses propos :

« Si j'ai tenu à te voir personnellement après plusieurs tentatives, avec tous les émissaires qui ne m'ont pas donné satisfaction, c'est juste pour que tu me dises ton dernier mot ; car voilà plus de deux ans que je n'ai plus de tes nouvelles. Tu as en outre abandonné ta famille.

Je ne te demande pas pourquoi tu ne t'occupes plus de tes enfants, car tu es adulte et sais bien ce que tu fais. Je ne te demande pas non plus pourquoi tu n'envoies plus ce que tu envoyais régulièrement quant à leur ration, puisque tu es responsable, tu connais toi-même les mobiles qui t'ont poussé à adopter un tel comportement. Sache seulement que tes enfants n'ont manqué de rien et Dieu a pourvu à leurs besoins jusqu'aujourd'hui.

Cependant le plus important est que j'ai contacté toutes les personnes que je pouvais pour te faire comprendre que je t'aime encore en dépit de tout et que tu réalises que tout ce qui est arrivé n'était pas une manigance de ma part ou quelque chose de prémédité, encore moins une histoire que je t'avais cachée. Mais tu n'as pas essayé d'y voir clair et ne veux toujours pas me comprendre.

Entre temps, tu as abandonné tes enfants à la nounou, des enfants qui, malgré que leur nourrice s'en occupe sans problème, souffrent cruellement du manque d'affection maternelle. La Bible soutient que lorsqu'il y a des enfants à la maison, il y a aussi une responsabilité majeure de la part de leur mère quant à leur encadrement. Sache donc que si tu ne fais rien dans le sens de te racheter aujourd'hui, un jour, tes propres enfants se rebelleront contre toi et te rejetteront. Il n'y a rien de nouveau sous le ciel ; ce que nous voyons, les autres l'ont vu bien avant nous.

Je voudrais que tu puisses te décider une fois pour toutes, car je suis déjà humilié jusqu'au cou. Et ça ne sera plus une honte si je suis encore humilié davantage. Mais mon souhait le plus ardant, c'est que tu me donnes ta position finale, car je suis fatigué et épuisé à cause de m'occuper seul de mes enfants. Il est temps que je puisse donner un sens à ma vie de famille. Je suis au four et au moulin : mon travail, leurs devoirs d'école, leur habillement, bref, je dois tout suivre et je n'ai plus quelqu'un, à part la nounou, depuis des années pour m'épauler dans cette charge.

J'aime mes enfants, je voudrais leur donner une bonne éducation et leur épargner aussi de tout ce qui peut entraver leur bonne croissance ainsi que leur bon épanouissement. Je ne te force pas à m'aider, mais je t'exige de me donner ta position finale. Et, quelle que soit ta décision, je m'y plierai. J'ai beaucoup demandé à Dieu de me donner la paix et de me conduire suivant ma destinée prophétique. Tout ce qu'il fera, je suis convaincu que ça sera pour mon bien et celui de mes enfants puisque tout ce qu'il fait pour nous est toujours bon. »

Dès qu'il avait fini de parler, Guy-Patrick avait observé un silence quasi religieux, refusant même d'avaler la moindre gorgée de boisson sucrée que je lui avais offerte. Il avait une attitude déterminée à en découdre, mais émettait des signaux d'ouverture comme s'il recherchait la moindre brèche pour s'engouffrer dans la voie de la paix. De mon côté, devant l'importance de l'enjeu, je pris quelques minutes de réflexion au bout desquelles je parlerai en ces termes :

« Guy-Patrick, je viens d'écouter tout ce que tu viens de dire, mais je suis désolée du fait que depuis tout ce temps, tu ne comprenais toujours pas ma position. Je suis de celles qui ne reculent pas. Tu es congolais, sûrement tu dois connaître "L'Opérette Takinga". Takinga, pour la petite histoire, était un jeune homme déterminé qui ne revenait jamais sur ses décisions. Et c'est tout comme moi, car je t'ai vomi depuis le jour où tu m'avais parlé de cette histoire montée de toutes pièces, avec ton enfant ramassé je ne sais où au centre de l'affaire.

Déjà j'étais fatiguée de vivre avec toi, Monsieur "Les Restrictions", de ce que tu t'étais montré opposé à mon épanouissement. Il n'était nullement question pour moi, après tous les efforts considérables consentis à l'université, de jeter à la poubelle mon diplôme chèrement acquis. Maintenant que je suis en bonne position dans mon entreprise, j'ai même un poste de commandement devant les hommes qui se plient à mes ordres, je ne sais plus reculer. À considérer mon ascension sociale foudroyante, je suis persuadée qu'on n'a plus le même niveau, et d'office nous n'aurons pas la même vision de choses.

Tu me parles de la charge des enfants, ce n'est pas pour rien que j'avais engagé une nounou dont le rôle était justement pour nous épauler tous les deux dans cette tâche. Au cas où tu aurais des difficultés pour la payer, je reprendrais volontiers la main, puisque je comprends entre les lignes que c'est une charge qui te pèse lourdement sur les épaules.

Cependant au-delà de cette aide que je t'accorde par pitié, je n'ai plus besoin de toi dans ma vie. Je m'excuse d'être directe, mais c'est ça la réalité. Comme je te l'ai déjà dit, avec mon travail je vis paisiblement, je pense avoir réussi ma vie, j'ai acquis des biens matériels et bâti des maisons. Donc tu peux faire ta vie de ton côté et me laisser faire la mienne. »

Même s'il s'y attendait, cette réponse fit l'effet d'une bombe. Guy-Patrick resta groggy pendant quelques instants, puis d'une voix trahissant la peine, il me dira calmement : « Merci pour ta précision. Si je récapitule bien, tu ne veux donc plus de moi ? Tout est fini ? »

-    Combien de fois dois-je te l'expliquer ? Dans quelle langue voudrais-tu que je parle pour qu'enfin tu me comprennes ? C'est paradoxal qu'un enseignant à l'université nécessite plusieurs explications afin comprendre ce qui est bien simple et qu'un élève de l'école primaire saisirait immédiatement le sens ! Bon puisque je me suis époumonée pour rien, tu n'es même pas au niveau de lire à travers les actes, je t'aiderai. Dans les jours qui suivent, je te ferai même un dessin pour comprendre ma décision.

-    Non, merci ! lâchera-t-il. Ne te fatigue pas, car j'ai tout assimilé. Merci, Bernadette, pour l'amour que nous avions partagé quand tout allait bien. Merci pour tout ce que tu as fait pour moi à chaque fois que j'étais dans le besoin. Merci surtout pour les enfants que tu m'as faites. Merci pour tout !

Pendant qu'il clôturait ses propos, sans le dire, il laissait transparaître que je lui avais causé de la peine. J'avais remarqué qu'il avait les yeux rouges et humides ; et les larmes coulaient dans ses yeux. Certainement, c'était un aveu d'impuissance, car il ne pouvait rien par rapport à mes dires. Déjà quand je l'avais vu, j'avais remarqué qu'il avait perdu du poids et apparemment, il avait pris de l'âge. Certainement, les conditions de vie n'étaient pas bonnes. Il avait déjà la gorge nouée à son introduction. En bref, il faisait pitié. Pitoyablement pitié, si je puis me permettre cette tautologie ! Mais cela m'était égal. Ça ne me faisait absolument rien, si ce n'est qu'accroître mon plaisir de l'envoyer aussi brutalement au tapis.

Même plusieurs minutes après cet entretien, il était littéralement assommé et ne savait même pas comment repartir. Il avait l'air d'un homme à terre, mais je m'étais permis de tirer sur l'ambulance, comme on dit. Et pour bien l'achever, je me suis mise debout, le plantant là, tétanisé par son traumatisme. Il avait la tête baissée et les oreilles ouvertes pour m'entendre dire :

« Bon, je te laisse, car je suis attendue par ma collègue que tu as vue tout à l'heure. Tu me liras très bientôt pour que tu sois fixé définitivement sur ma position officielle ».

Aussitôt lâchées ces phrases, je quittai l'hôtel, sûre de moi et sûre d'avoir obtenu officiellement mon indépendance longtemps recherchée devant un mari qui n'avait plus rien à me dire et qui s'était finalement avoué vaincu.

Deux jours plus tard, je pris mon véhicule de service pour retourner à Matadi via la route nationale numéro 1, une route de plus ou moins 328 kilomètres que nous avons parcourue pendant environ 5 heures et demie en raison également du trafic très important sur cet axe.

Le voyage était à la fois bon et fatigant, et la route était en bon état car entièrement réhabilitée. Quelques années plus tôt, on y mettait plus d'un jour en vue d'atteindre la destination. Le seul incident malheureux était un accident de circulation d'une grosse cylindrée que nous avons vu au niveau d'un territoire dont j'ignore le nom. Il était, à coup sûr, dû à un excès de vitesse.

Je fus déconcertée, effrayée et profondément attristée en voyant sur le côté de la route, cinq cadavres. Cinq morts de plus, ça paraissait tellement anodin, mais je ressentis un sentiment de révolte. Ces personnes avaient sûrement des maris, des femmes et des enfants, mais leurs vies venaient d'être stoppées net, à cause de l'inconscience d'un chauffard.

Au vu des cadavres qui gisaient par terre, mon cœur ne put rester indifférent et mes yeux ne pouvaient rester secs. Je versai alors deux coulées de larmes, alors que quarante-huit heures plus tôt je n'avais même pas émis un soupir de compassion à l'égard d'une autre personne que j'avais en quelque sorte laissée pour morte à Kinshasa.

Bon, qu'à cela ne tienne, nous avions pris le temps d'interroger les nombreux badauds qui étaient sur place, et ceux-ci nous avaient informés qu'il y avait plus de vingt personnes gravement blessées qui avaient été acheminées en urgence vers l'hôpital le plus proche. Finalement, au bout de quelques heures, je me suis ressaisie, et nous avions tant bien que mal continué notre voyage.

Le jour suivant à Matadi, je croise mon amie Bijoux dans un supermarché. Je ne l'avais pas revu depuis un moment, étant donné qu'elle avait fait un voyage à l'étranger sans faire mention de sa date de retour. Et nous aurons juste le temps de nous embrasser avant qu'elle me pose la question :

- Quelles sont les nouvelles de l'autre là ? (elle faisait allusion à Guy-Patrick)
- Je ne sais pas, mais je l'ai croisé il y a trois jours à Kinshasa. J'espère qu'il va bien. Tout ce que tu peux savoir,

c'est que je lui ai finalement craché les quatre vérités. Et je compte déclencher la procédure de divorce d'ici deux ou trois jours.

- Tu as bien agi, ma sœur ! sursaute-t-elle comme si elle venait d'obtenir une victoire personnelle. Tu étais pratiquement en prison. Avec toutes les charges qui te revenaient, tu n'es quand même pas son mari, encore moins son père. Il n'a qu'à se débrouiller et trouver une femme fidèle qui le prendra en charge tout le reste de sa vie. Bon on s'appelle, Bernadette !

- On fait comme ça, mon amie. Bisous, bisous !

Bijoux était de nature « chaud-chaud », comme disent les Kinois. Elle m'a encouragé dans ma prise de position. Et c'est d'ailleurs elle qui me proposera un de ses amis qui était avocat au barreau de Matadi afin de pouvoir accélérer le processus de divorce.

Et les choses continuaient d'évoluer positivement de mon côté, puisque quelques jours après cette rencontre, lors d'une réunion du conseil d'administration et à la suite d'une série de restructuration au sein de l'entreprise, il m'a été notifié une promotion m'élevant au rang d'Administrateur délégué adjoint. C'était un grand évènement, car depuis que cette entreprise existait, il y a plus deux décennies, j'étais la première dame à occuper une telle fonction. L'honneur était finalement revenu aux femmes de l'entreprise qui m'ont sincèrement félicitée.

Le soir avant de dormir et très fatiguée par la petite cérémonie organisée par lesdites femmes de l'entreprise, je reçois un message sur mon téléphone. Je ne connaissais pas le numéro qui l'avait envoyé, mais comme dans la journée, les messages ne cessaient de pleuvoir, je m'étais dit que le soir que je prendrais un temps afin de répondre à tous. Ce message était décliné en ces termes :

« C'est pour toi la reconnaissance de tes actions, tes valeurs et la concrétisation d'un parcours hors pair empreint d'abnégation, de compétence et d'expérience. Félicitations,

Madame l'Administrateur Délégué Adjoint ! Signé Guy-Patrick Bundu »

À la lecture de ce texto, je me suis dit que ce monsieur ne semblait toujours pas comprendre que c'était fini entre nous. J'étais entre le marteau et l'enclume. Fallait-il y répondre ou pas ? Finalement, je résolus de lui faire un court message : « Merci ».

Le lendemain matin, je me décidai alors de chercher l'avocat que mon amie Bijoux m'avait recommandé pour amorcer le processus de divorce de mon propre gré et sans influence aucune, même si les amies me poussaient à le faire. Mais là, j'étais seule face à ma conscience. C'est comme ça que je vais amorcer la procédure judiciaire de divorce avec le concours de mon avocat afin de décanter rapidement ce dossier.

Voilà, chère Marie-Louise, ce que j'avais à t'écrire aujourd'hui. Sincèrement, et je ne cesserai de le répéter, tu es l'unique personne avec qui j'ai dévoilé jusqu'à ce jour ma vie : mes moments de joie et de tristesse, mes inquiétudes et mes ambitions. Je suis heureuse de le faire avec toi parce que, depuis toujours, tu as su me montrer ton affection et ta compassion indéfectibles.

Merci pour tout !

Toute ma sympathie.

Bernadette Eyenga

Mantes-la-Jolie, le 25 septembre
À ma bien-aimée Bernadette,

Je rends grâce à l'Éternel Dieu, Créateur du ciel et de la terre, pour cette faveur qu'il m'accorde ce jour de t'écrire et d'échanger avec toi, ma chère et tendre amie.

J'ai beaucoup prié pour toi ces derniers temps et continue de le faire pour que Lui-même, le Bon Berger, puisse nous conduire et nous révéler encore bien des choses afin que nous soyons dignes de Lui. Et c'est toujours avec intérêt que je prends mon temps pour lire religieusement toutes les lettres.

Chère Bernadette, je ne te condamnerai jamais pour ce que tu as commis comme erreurs et dérapages, car j'estime que c'est par manque de connaissance que c'est arrivé. Et moi, en tant que ta sœur, je suis là pour non seulement te soutenir, mais aussi, et surtout pour te faire part de mes expériences, ainsi que t'apporter la Bonne Nouvelle de notre Seigneur.

En effet, quelques points ont retenu mon entière attention en lisant minutieusement ta lettre datée au 30 août…

Premièrement, il faudrait savoir que par le seul fait de ton mariage avec Guy-Patrick, l'État tout comme Dieu, vous reconnaît l'obligation de nourrir, entretenir et élever vos enfants. L'entretien dont il est question va au-delà de l'obligation alimentaire. Aussi, tu es une intellectuelle, chère Bernadette. Ne sais-tu pas que la loi de ton pays te demande de contribuer, en tant que femme mariée exerçant un travail rémunéré, aux charges du ménage en proportion de tes ressources ?

C'est une très bonne chose que tu faisais en envoyant quelque chose pour tes enfants. Dieu aussi était content de toi. Mais lorsque tu as pris la résolution de tout arrêter, en ne leur envoyant plus rien, ce sont tes propres enfants que tu étais en train de torturer. Il ne faudrait pas que dans tes conflits avec ton mari, tu puisses sacrifier tes enfants ni en faire de boucs émissaires. Là, et je te dis sans ambages, tu as péché contre

Dieu, puisqu'il est écrit dans la Sainte Bible : « Car jamais personne n'a haï sa propre chair, mais il la nourrit et en prend soin » (Éphésiens 5.29).

C'est pour dire qu'en les privant de ton soutien, tu t'es privée aussi à toi-même. Cette erreur est commise par plusieurs couples. Lorsqu'ils sont en conflits, ce sont les enfants qui en pâtissent. C'est comme qui dirait que lorsque les éléphants se battent, ce sont les herbes qui en paient le prix fort. Il faudra donc l'éviter à l'avenir, tu risques de te mettre aussi en conflit avec tes propres enfants lorsqu'ils auront la bonne information.

Aujourd'hui, certains parents ont du mal à être acceptés par leurs propres enfants à la suite des conflits qu'ils ont eux-mêmes créés. Et le danger est que dans la majorité des cas, les enfants prennent position du côté du parent lésé, mieux encore ils s'attachent à celui qui avait été présent pour eux.

Deuxièmement, j'ai noté que tu t'appelais « Takinga ». Et j'en ai fort rigolé, me rappelant cette opérette de l'orchestre Minzoto Wela-Wela du Père Buffalo qui nous avait tant enchantés dans notre enfance. Mais il faudra savoir qu'il existe un adage français qui dit : « Il n'y a que les imbéciles qui ne changent pas d'avis ».

Rassures — toi que je ne traite pas d'imbécile, mais le message est que lorsque tu te rends compte que tu t'es trompé et que ta conscience te reproche quelque chose, tu peux, par bon sens, revenir sur une mauvaise décision prise. C'est ça, être une personne sage, contrairement à l'imbécile qui, par orgueil et amour propre, bien que conscient de son erreur, avance les yeux fermés jusqu'à se fracasser la tête contre un mur.

Tu ne perds rien, ma sœur, à être indulgente. Nombreux n'ont pas le courage et la ferme volonté d'accepter qu'ils étaient dans l'erreur. N'oublie pas pendant que nous serons sur terre, par moment, nous commettrons des erreurs. Seul Dieu n'en commet point parce qu'il est parfait. Mais lorsqu'il nous arrivera de commettre une erreur, acceptons-la avec humilité de cœur. Réparons-la, et le Dieu d'amour nous pardonnera. Tu as été trop dure dans tes propos, et cela m'a choqué. Revois un peu ta manière d'agir et de faire les choses.

Troisièmement, je ne comprends pas pourquoi, tu insistes pour divorcer d'autant plus que tes arguments ne tiennent pas debout. Personne ne soutiendra dans cette démarche, à moins qu'on soit animé de mauvaise foi et ne veuille pas de ton bonheur. Si ce n'est que pour ton emploi de Matadi et l'histoire de cet enfant, je te plains, ma chère amie. À moins que tu aies d'autres raisons bien cachées, ou que tu tiennes seulement à être indépendante, et ce, pour rien.

Sincèrement si ton cœur n'a pas de peur de divorcer, c'est que c'est parti pour la gloire. Est-ce que tu penses à l'avenir et au bonheur de tes enfants ? Je te rappelle que les enfants s'épanouissent bien à côté de leurs vrais parents, et les preuves en sont légion. Seront-ils heureux après ce divorce ? Et toi-même, ne le regretteras-tu pas un jour ? Je te le dis, car ils sont nombreux qui le regrettent aujourd'hui pendant que la page est déjà tournée. Parler de divorce, c'est bien ! Mais tu ne sais pas ce que cela coûte en termes d'énergie, finances… car il faudra payer et payer, d'humiliation, de pression, etc., bref en terme de coût ? Réfléchis bien, ma chère, car je ne t'encourage ni ne te suis dans cette voie.

Quatrièmement, lorsqu'un homme pleure devant une femme, cela est souvent qualifié de mauvais sort pour la vie de cette dernière. Avec ma petite expérience dans la vie, j'ai vu des hommes qui imploraient leurs femmes de ne pas partir ; mais par orgueil et pour des intérêts personnels, elles ont fini par partir. Quelque temps après, l'histoire avait changé de cours. Celles ou ceux qui partent malgré les interventions finissent par pleurer tôt ou tard, car c'est comme si la malédiction les accompagne.

C'est donc pour te dire que lorsqu'une personne demande pardon de manière sincère et s'amende, il a la couverture et la bénédiction de Dieu ; et le problème demeurera du côté de la personne qui continuera à endurcir son cœur à cause des projets préétablis qu'elle compte à tout prix accomplir, mais malheureusement sans la bénédiction divine.

Fais attention, ma sœur, et ne te réjouis pas des larmes de Guy-Patrick. Aussi, dans la vie de couple, certaines choses peuvent vous réussir parce que peut-être votre femme ou votre mari a la grâce particulière de Dieu qui fait grâce à qui il veut. Si la grâce a été sur votre femme et que vous la chassez sans une raison probante, rassurez-vous que la grâce vous quitte ipso facto, mais vous ne le saurez que bien après. C'est ce qui fait que bien de gens regrettent par la suite, en constatant que tout s'écroule, contrairement à leurs prévisions.

Cinquièmement, Dieu bénit et veut que sa bénédiction serve à tous dans le bien et non qu'elle détruise certains. C'est avec générosité que Dieu t'élève, chère Bernadette. J'ai vu ton parcours et ai compris que Dieu t'aime. Tout ce qu'il te faut, c'est de savoir bien gérer cette bénédiction divine. Ne fais pas comme certaines personnes qui, à cause de la bénédiction reçue, deviennent orgueilleuses, hautaines, têtues, versatiles, et osent même opérer des règlements de compte à d'autres. Dieu déteste cela. Je pense qu'avec cette élévation, c'est ta famille qui allait plus en tirer profit, malheureusement j'ai la nette conviction que c'est toi seule et tes fameuses GD qui en êtes de vraies bénéficiaires.

Je pense que tu aurais dû profiter de cette « élévation » pour convaincre ton mari et renouer avec tes enfants à qui tu manquais atrocement. Si Dieu peut nous enrichir, il peut aussi nous appauvrir. Fais bien attention, il n'est pas encore tard pour faire mieux.

Sixièmement, crois-tu réellement que ton amie Bijoux t'aime ? Elle est mariée, ne t'en fais pas. Elle est consciente de tout ce qu'elle fait. Elle vit paisiblement avec son mari et ses enfants, à moins que je ne me trompe de personne, car ce nom me rappelle quelque chose. C'est peut-être la même Bijoux que j'ai connu depuis des années. A-t-elle autrefois habité la commune populeuse de Nzanza qui est située dans les collines du sud de Matadi avec plusieurs de ces quartiers populaires ?

Si c'est vraiment la même personne, je dirai qu'il y a des gens qui ne changent pas.

Tu as fait une publicité de ton divorce et tu trouvais que ça en valait la peine. Dans la plupart de cas, les femmes n'ont des valeurs que lorsqu'elles sont mariées. C'est sous ce statut qu'elles sont courtisées, mais une fois divorcées, c'est une autre réalité. Tous ces hommes qui leur courraient après disparaissent comme par enchantement.

Donc dans notre société « africaine », je tiens à le préciser, car ce n'est pas forcément le cas sous d'autres cieux, les célibataires sont un peu moins considérées. C'est une réalité dure, mais vraie, car tu peux observer autour de toi. Et les femmes divorcées font l'objet des préjugés encore plus méchants que les célibataires. Crois-moi, on ne prend pas le temps d'examiner attentivement les causes dudit divorce ; ce qui fait que ces femmes soient traitées de tous les mots.

À cela, il faut rajouter le fait qu'après le divorce, les femmes sont courtisées par toutes sortes de personnes. Selon mon observation personnelle, bon nombre de prétendants, souvent des hommes mariés, ne souhaitent pas forcément construire une histoire sérieuse, leur motivation première étant le sexe, et généralement ça s'arrête là. Et il arrive également que des personnes bien en dessous de leur niveau aient le culot de les aborder, juste parce qu'elles sont célibataires et sans hommes. Ce que je te dis à ce sujet n'engage que moi et résulte de ce que j'ai pu observer durant ma petite vie.

Dans ma précédente lettre, je pense t'avoir parlé longuement de l'influence manifeste et non négligeable des mauvaises fréquentations. Relis-la pour que tu sois encore édifiée.

Chère Bernadette, comme tu le sais, je reste toujours à ton entière disposition. Mon vœu et ma prière sont que tu reviennes au bon sens. Ton bonheur est aussi le mien, et ça, ne l'oublie jamais. Je serais encore heureuse de te lire et d'avoir de tes nouvelles. Serge-Emmanuel te salue et te souhaite bien des bonnes choses.

Pour terminer, je souhaite que tout se passe merveilleusement bien pour toi et que tu sois en parfaite santé. De cœur avec toi, je t'embrasse affectueusement.

Avec toute mon amitié.

Marie-Louise Mosealé

CHAPITRE 6.   QUAND LA JUSTICE ENTRE DANS LA DANSE

Lettre 11. De Bernadette

Kinshasa, le 7 octobre
Chère Marie-Louise,
Bonjour !
Ne sois pas interloquée de constater que je t'écris depuis Kinshasa.

En effet, je suis à Kinshasa afin de suivre un de mes locataires qui avait entrepris de grands travaux dans la maison sans mon aval. Il tient à ce que je lui rembourse les montants dépensés, ce qui est en contradiction avec les termes du contrat de bail qui nous lie. Je pense qu'étant sur place, nous allons bien nous comprendre.

De temps en temps, je relie les correspondances que tu m'as adressées et te remercie une fois de plus pour les sages et clairs conseils que tu ne cesses de me prodiguer. Ma prière est que je sache les mettre en œuvre, et je compte de ce fait sur les tiennes aussi ; car seule, je ne peux rien. Je ne sais pas, chère Marie-Louise, comment t'exprimer ma gratitude pour tout ce que tu fais pour moi. J'espère qu'un jour, moi aussi, je pourrai à ma manière te rendre la pareille : te soutenir par le biais des conseils sages et réfléchis, autant que les tiens ont pu l'être pour ma modeste personne.

Chère amie, faisant suite à ma dernière lettre, je pense t'avoir dit clairement que ma décision était finalement prise afin d'en finir avec Guy-Patrick.

C'est Bijoux qui me recommandera, comme elle insistait, une de ses connaissances. Un sujet belge en la personne de Monsieur Martens Devos qui était avocat au Barreau de Bruxelles. Bijoux avait bien organisé la rencontre avec cet avocat de renom ; et après notre entretien, je lui donnerai donc le feu vert pour amorcer la procédure de divorce.

De cet entretien, j'avais retenu la teneur de l'Article 555 du Code de la famille qui stipulait : « Celui qui veut demander le divorce présente au Président du Tribunal de paix de la résidence de l'autre époux ou de la dernière résidence conjugale, une requête écrite ou verbale indiquant les motifs du divorce. »

C'est ainsi que mon Avocat, Maître Martens Devos, adressera une requête en mon nom, sa cliente, au Tribunal de Paix de Matadi. Mais il m'avait prévenu que la procédure pourrait prendre du temps.

Trois semaines plus tard, le Tribunal de Paix de Matadi m'invitera sans Maître Martens Devos, mon Avocat. Ce que j'ai compris, c'est que le Président du Tribunal de Paix était en train de me dissuader pour que j'annule ma requête, estimant que je pouvais changer d'avis. Mais pendant plus de deux heures, j'étais ferme et gardais ma position. Je tenais mordicus à en finir une fois pour toutes et très rapidement, si cela ne pouvait dépendre que de moi.

C'est cinq semaines après, comme je campais sur ma position, le Tribunal invitera toutes les parties, c'est-à-dire avec Guy-Patrick à qui une invitation avait été envoyée par voie postale. C'est donc là que je revis Guy-Patrick après notre rencontre à Kinshasa dans l'Hôtel où j'étais logée. Je l'ai trouvé serein bien qu'il avait un peu vieilli et paraissait fatigué.

Là encore, nous étions sans nos Avocats, toujours devant le même Président de Tribunal de Paix. Il a une fois de plus tenté de nous réconcilier, après nous avoir entendus pendant près de trois heures. Chacun de nous avançait ses arguments et justifiait sa position. Moi, je tenais à obtenir le divorce, tandis que Guy-Patrick suppliait de revenir à la raison. Le Président du Tribunal de Paix, quant à lui, continuait à attirer mon attention sur la gravité de la décision que je tenais à prendre et nous priait de reprendre la vie commune. C'est ce que Maître

Martens Devos m'expliquera par la suite, lors de l'étape de la conciliation unilatérale.

Malgré cela, cette tentative de la conciliation unilatérale échoua. C'est ainsi que quatre semaines après, le même Président du Tribunal de Paix de Matadi procédera autrement en invitant toutes les personnes qui avaient une information ou connaissaient bien notre mariage.

De mon côté, mes parents, mes collègues de service et Bijoux avaient été invités par le Président. Et du côté de Guy-Patrick, un de ses cousins, Léon Bisungu, un de ses amis d'enfance, et une collègue de service qui travaillait avec moi. Tous étaient convoqués par le Président du Tribunal de Paix, toujours dans l'optique de nous réconcilier en vue de dénouer nos rivalités à l'amiable, car il estimait que ce n'était pas encore trop tard pour faire marche arrière. Malheureusement encore pour le Président du Tribunal, la conciliation bilatérale ne marcha pas. Je persistais dans ma position de rupture.

Entre temps, le Président du Tribunal, au vu de tout ce qu'il avait accumulé comme informations, décida de prendre comme mesure conservatoire que les enfants puissent rester chez leur père et confirma ainsi cette garde des enfants par voie d'ordonnance.

Cette décision me dévasta, parce que je tenais à récupérer mes jumelles et j'étais sûre qu'avec mon argent, le juge pencherait en ma faveur. J'avais alors crié sur Maître Martens Devos pour lui dire que c'était un mauvais départ pour moi, car en définitive, je comptais prendre mes enfants afin de les empêcher de vivre avec cet enfant ramassé par Guy-Patrick. Et pour m'apaiser, il me dira que toute décision pouvait toujours faire l'objet d'un appel dans une autre instance supérieure.

Ayant épuisé toutes les possibilités et voies de réconciliation, le Président du Tribunal dressera un rapport constatant le déroulement des instances de conciliation et leurs résultats. C'est dire que malgré toutes les interventions, les dissuasions et les confrontations, l'échec était manifeste bien que le Président du Tribunal de Paix avait tout même mis en notre disposition des juges assesseurs, toujours dans le souci de nous ramener à la raison.

Cette première étape avec le Président du Tribunal de Paix nous avait pris plus d'une année. Guy-Patrick était obligé de venir de temps à autre à Matadi pour répondre aux convocations du Tribunal. Pour cela, il avait pris un Avocat congolais au Barreau de Matadi qui se nommait Maître Albert Tshibangu.

Comme toutes ces tentatives de réconciliation avaient échoué, par conséquent, le Président du Tribunal fixera une date ultérieure pour l'audience par-devant le Tribunal de Paix de Matadi où nous devrions tous comparaitre en personnes ou assistées de nos avocats ou même représentées par ces derniers. Le Président du Tribunal de Paix avait donc autorisé à poursuivre l'action en divorce.

Heureusement que j'étais prévenue, chère Marie-Louise. Cette procédure est non seulement harassante, exténuante, mais aussi couteuse. J'étais motivée, car c'est la fin qui m'importait.

Et comme convenu, c'est un mois et demi après le rapport dressé par le Président du Tribunal de Paix qu'il fixera l'affaire devant le même Tribunal représenté par trois juges suivant la procédure ordinaire, mais à huis clos. Je me rappelle encore : c'était un mardi vers 11 h 38 lorsque le Tribunal me donna la parole.

J'étais brève et concise, car je savais que Maître Martens Devos allait faire l'essentiel. Sans mâcher mes mots, devant toute l'assistance, je confirmerai que Guy-Patrick n'était plus de mon niveau parce qu'on n'avait plus la même vision des choses, qu'il était contre mon épanouissement et tenait à ce que je rentre à Kinshasa afin de me réduire au statut de lavandière et pondeuse. Aussi, après plusieurs années de mariage, il m'emmènera un enfant plus âgé que les miennes, prétendant qu'il n'était pas au courant de son existence. C'était une haute trahison pour moi et je ne saurais plus vivre avec lui.

L'assistance était calme et j'ai vu les regards inquiets de mon père.

Maître Martens Devos, prenant la parole, confirmera mes plaintes en abordant dans le même sens, mais en employant des termes encore plus durs, tendant à démontrer que Guy-Patrick était inférieur à moi sur tous les points. Pour l'Avocat, c'était un mari indigne, car depuis toujours le ménage tenait grâce à la femme et qu'il était vraiment un irresponsable. Il a même regretté pour la garde des enfants qui lui avait été confiée et avait même promis que sa cliente – donc moi – allait faire appel.

La parole fut ensuite donnée à Guy-Patrick qui, dans son intervention, ne fera que me supplier afin que je revienne à la maison. Il était bref et persuasif, mais quelque peu larmoyant qu'à la fin de son allocution il ne pût retenir ses émotions. La digue céda et il se mit à pleurer bruyamment.

Ces jérémiades avaient fini par produire un effet du côté de l'assistance. On n'en revenait pas. Même les personnes les plus insensibles à la douleur des autres, ces cœurs rocailleux qui qualifiaient le moindre garçon émettant une complainte de minable poule mouillée à exclure automatiquement du club masculin, en étaient émues. Un homme abattu jusqu'à ce niveau au point de perdre toute retenue qu'impose cet orgueil typiquement macho, cela était difficile à supporter !

Sur le champ, je revis ce qu'avait écrit Parole LP Mbengama dans son ouvrage *L'Homme est mort, le Genre est né* : « Quiconque veut t'éliminer le fait en deux étapes : d'abord il devient le mari de ta femme, le papa de tes enfants, l'enfant de tes parents... Donc il te déguerpit et s'engouffre dans ta coquille. Ensuite il les provoque au duel, ne se bat pas, mais déploie les bras et se laisse poignarder... [Cela signifie que] ton ennemi ne te remplacera pas physiquement, mais psychologiquement... Si quelqu'un gouverne les décisions de ta femme, tes enfants, tes employés ou n'importe qui sous ton commandement ; si ceux-ci l'écoutent plus que toi..., sache que tu as perdu gros, tu ne maîtrises plus rien dans ton environnement. Il les dressera contre toi et leur ordonnera de te faire tout le mal qu'il veut, et ils lui obéiront. C'est comme ça qu'il règlera ton compte à distance parce qu'il sait téléguider ton bourreau. »

Et c'est exactement ce qui s'est passé dans ce procès. Mon travail, mes ambitions de grandeur et l'ascendant de mes amies, les GD, étaient devenus mon véritable mari, en lieu et place de cet homme rabaissé au niveau d'un gamin qui fondait en sanglot, non au milieu d'une cour de récréation, mais dans une cour de justice ; et tout cela à cause de ces corps étrangers qui m'ordonnaient de lui porter les coups les plus rudes de sa malheureuse existence qui n'en avait plus besoin parce qu'il en avait déjà vu de toutes les couleurs... Même au fond de moi, cela ne pouvait passer sans casse.

Je sentis du coup une dissidence se dresser dans ma conscience. Mais cela ne sera qu'une petite rébellion immédiatement mâtée par le côté conservateur de mes sentiments qui qualifiait cet acte de mascarade, puisqu'il savait ce qu'il cherchait, quelque chose que j'avais catégoriquement décidé de lui refuser. Seule la joie de le voir dans cet état primait pour l'instant.

Je te jure, ma chère, que j'étais devenue sadique au point que tu n'auras jamais imaginé. J'aurais un appareil photo ou une camera entre les mains, je lui ferais un super cliché ou réaliserais une vidéo HD à poster sur les réseaux sociaux afin que tout le monde vît comment un homme verserait d'abondantes larmes de suite d'une collision avec une femme.

Puis vint le tour de son Avocat. Prenant la parole, Maître Albert Tshibangu démontra avec brio combien son client, Guy-Patrick, tenait à sa femme que j'étais en insistant surtout sur le fait que de notre union étaient sorties de belles jumelles. Son client s'inquiétait sur l'éducation, l'avenir et le devenir de ces enfants sans leur maman qu'elles adoraient tant. Pour son Avocat, les enfants, encore mineurs, finiraient par devenir, au cas où leur maman l'ignorerait, de misérables victimes de l'embrouille parentale. Et pour finir, il me pria de revenir à la raison en vue de sauver les meubles.

Ayant enfin écouté toutes les parties, le Tribunal prendra l'affaire en délibéré et se prononcera dans les huit jours qui devaient suivre.

Voilà, chère Marie-Louise, comment s'est passée cette histoire de Tribunal qui, pratiquement, m'a déstabilisé, car, à tout moment, il fallait être en mouvement en dépensant aussi beaucoup d'argent et d'énergie pour faire avancer les choses. Ce fut pratiquement deux ans de démarches exténuantes.

Bien de bonnes choses et salutations à toute ta petite famille.

Tu me manques beaucoup, ma chère !
Bernadette Eyenga

Lettre 12. De Marie-Louise

Mantes-la-Jolie, le 25 novembre

Chère Bernadette,

Que la faveur de notre Seigneur Jésus-Christ, les bontés de Dieu et la communion du Saint-Esprit soient avec toi !

C'est avec un grand intérêt que j'ai lu le déroulement et l'évolution du dossier au niveau du Tribunal de Paix de Matadi. Je trouve que tu avais vraiment du cœur à suivre toutes ces procédures assommantes. Je ne sais pas si je serais en mesure de le faire, car c'est trop dur, voire pénible ! Comme tu as tenu à aller jusqu'au bout avec ce dossier, il faudrait aussi que tu sois conséquente avec tout ce qui t'attend.

Tu sais que le mariage est un engagement non négligeable et il n'est pas permis de le prendre à la légère ? Mon inquiétude se situe surtout au niveau des enfants qui, comme l'a dit l'Avocat de Guy-Patrick, se trouvent être les victimes. Au-delà des enfants, il y a des effets directs dans tes relations avec les tiers qu'il faudrait aussi bien gérer par la suite. Comme il y a eu des enfants dans votre union, c'est ça le grand problème à gérer dans les jours futurs.

Les conseils que j'ai pu te prodiguer pour le moment – c'est en rapport avec l'après-divorce, car j'estime que c'est là que vous arrivez indubitablement – sont les suivants :

1. Recherchez la paix. Vous n'êtes pas des ennemis, et pour l'avenir de vos enfants, tu devras être en bons termes avec Guy-Patrick. Il y aura des situations dont tu seras informée et seras emmenée aussi à intervenir pour leur bien. Sache qu'un jour, tes filles se marieront. Si tu n'es pas en relation avec leur papa, quelle sera la conséquence ? Vous ne ferez que les blesser.

2. Associez vos enfants. Par là, je voudrais dire qu'il faudrait être en mesure de leur expliquer que les choses n'ont pas marché entre vous, ce qui vous a poussé à vous séparer, et ce, sans entrer dans des détails. Évite surtout de diaboliser le papa auprès des enfants si une occasion se présentait, car ça

serait une mauvaise semence dans leur vie. Cela se retournerait contre vous deux, car vous aurez éduqué des enfants rebelles.

3. Apprenez les bonnes manières à vos enfants. Je sais que lorsque le divorce sera prononcé et ça sera une nouvelle vie avec de nouvelles réalités, car chacun de vous devra ou souhaitera refaire aussi sa vie.

Je te demanderai qu'à toute occasion dans laquelle tu seras avec les enfants, tu les exhortes à respecter la maman qui te remplacera sous le toit paternel et lui réserver tous les égards, car elle sera aussi leur maman. Apprends-leur les bonnes manières et les bons principes de la vie. Ça leur servira pour l'avenir.

4. Cultivez l'amitié. Le divorce prononcé ne doit pas vous emmener à être des adversaires ou à chercher toujours à rester en conflit permanent. Au contraire, devenez des amis et que vos enfants le sachent. Ça sera aussi une meilleure façon pour toi de contribuer à l'épanouissement de tes enfants, car le divorce cause bien de dégâts dans le mental et le psychique des enfants. Aussi la femme qui viendra après toi, ne devra pas être prise pour une rivale. Au contraire, il faudra lui donner de la considération puisqu'elle va s'occuper de tes enfants. Je souhaite, si possible, que tu en fasses une amie.

5. Enseignez à vos enfants les vraies valeurs du mariage afin qu'eux ne tombent pas dans votre cas. Dites-leur qu'il est possible de trouver un meilleur conjoint et d'avoir un mariage heureux, car la plupart des enfants des divorcés ont la crainte du mariage. Il sera de votre devoir de les apaiser et de leur donner confiance.

6. Tournez votre regard vers Dieu. Il arrivera des moments de tourments, car tu seras probablement dépassée par les évènements en étant seule officiellement, ou alors tu auras des regrets. Mais quand ces moments viendront, rappelle-toi qu'il y a un Dieu dans les cieux qui ne cesse de nous dire : « venez à moi, vous tous qui êtes chargés et fatigués, je vous donnerai du repos. »

Chère amie, tu as choisi une option difficile de la vie, mais à l'heure actuelle, je ne sais plus quoi te dire. Ma prière est que les enfants soient vraiment épargnés des effets de ce divorce.

Même ici en Europe, on enregistre bien des dommages lorsque le divorce est prononcé dans un couple. En effet, les enfants sont beaucoup plus exposés à des problèmes complexes notamment les troubles caractériels, comportementaux, psychologiques, intellectuels et spirituels. Les cas de suicides, de baisse de résultats scolaires, des maladies compliquées et chroniques, etc. sont aussi fréquents, non seulement du côté des enfants, mais aussi du côté des divorcés eux-mêmes. Voilà autant de problèmes qui peuvent surgir.

Je suis toujours en prière avec Serge-Emmanuel afin que tout cela ne t'arrive pas, et que Guy-Patrick et tes enfants aussi en soient épargnés.

J'attends la suite des évènements et que Dieu te soutienne !

Toute la famille se joint à moi pour te faire un gros bisou.

Sincères salutations !

Marie-Louise Mosealé

CHAPITRE 7.   LE VERDICT TOMBA

Matadi, le 20 décembre
Très chère Marie-Louise,
Salut !
J'ai été très touchée par les leçons contenues dans ta dernière lettre. Cela m'est allé droit au cœur et je pense que tu ferais une très bonne évangéliste ou encore une bonne conseillère conjugale. C'est avec habileté et avec des expressions faciles que tu fais passer tes messages sans choquer ni frustrer ton interlocuteur.

Comme tu l'as bien compris, effectivement je suis allée jusqu'à la fin de mes idées et décisions. J'ai été et suis consciente de la décision prise.

C'était à la veille de la fête de l'Indépendance du pays, un mercredi 29 juin que nous étions invités par le Tribunal de Paix de Matadi. J'étais très détendue, car c'était aussi la voie de mon indépendance. Par contre dans l'autre partie, on lisait de la crispation sur les visages.

Le Tribunal a commencé à rendre son verdict dans ce procès vers 10 h 19, car c'était une demi-journée et le travail sur toute l'étendue nationale. Les juges entrèrent alors, et tout le monde se leva pour entendre le verdict.

L'essentiel de cette audience, chère amie, se résuma en ceci, le Tribunal se prononça donc en ces termes que je n'oublierai jamais parce que cela reste dans ma mémoire d'éléphant : « Par ces motifs, le Tribunal de Paix de Matadi, vu le code de la famille, rend son jugement contradictoirement à l'égard de toutes les parties, se prononce pour le divorce. »

Je me rappelle encore qu'il nous avait été dit qu'il y avait la possibilité de faire appel de la décision. Et comme je me sentais lésée du fait que la garde des enfants a été octroyée à Guy-Patrick, je m'étais décidée avec le concours de mon

Avocat, Maître Martens Devos, de faire appel contre ce jugement avant dire droit trente jours après. Mais malheureusement, j'ai été déboutée et la garde de mes enfants m'avait été refusée.

Je devais alors me plier à ce que le Tribunal avait dit. Et c'est là que les choses commençaient à sentir mauvais. Je croyais que mes biens matériels et mes avoirs en banques locales ainsi qu'étrangères allaient peser pour que je puisse obtenir gain de cause. Malheureusement, le Tribunal avait une autre compréhension et perception des choses.

J'ai compris bien après que tous les témoignages étaient en ma défaveur : ma famille, mes amis, mes connaissances, et ce qui est grave, mes enfants, tous m'ont trahie et détruite. J'ignorais ce qu'ils disaient, mais la décision du Tribunal était une preuve éloquente et une sanction contre moi.

C'est ici l'occasion de te demander de prier pour moi afin que tout ce que tu as dit ne s'accomplisse pas dans ma vie.

Je serais encore et encore heureuse de te lire comme d'habitude.

Mes compliments à toute la famille.

Je t'embrasse et te transmets les pensées amicales de Sylvie Mboyo et de Mireille Lolenga que j'ai eu l'occasion de croiser avant-hier pendant que je faisais du shopping.

Amitiés sincères !

Bernadette Eyenga

LETTRE 13. DE MARIE-LOUISE

Mantes-la-Jolie, le 16 janvier
Bien aimée Bernadette,
Que l'Éternel Dieu soit avec toi !
Dommage pour le verdict, mais c'était prévisible, et je pense que ton vœu s'est réalisé.

Je ne saurais être longue, chère sœur, car je prépare mes valises. Très tôt demain matin, je dois être à la gare du Nord pour prendre le train qui m'amènera en Suisse. À l'occasion, je vais revoir les anciens amis de Serge-Emmanuel et régler quelques dossiers. Il s'agit d'une mission de service de trois jours seulement.

Concernant les enfants, je pense qu'il faudra faire avec. Prends soin de lire toutes mes recommandations contenues dans la dernière lettre que je t'ai envoyée, ça te fera du bien et t'édifiera encore davantage. Sois conséquente, car c'est une nouvelle vie et tu dois t'adapter.

Que Dieu te soutienne et que rien de mal ne puisse t'arriver.

Dans mes humbles prières, je ne manquerais pas de penser à toi comme à l'accoutumée.

Donne-moi vite de tes nouvelles !

On se relance alors à mon retour de la Suisse.

Bisous !

Marie-Louise Mosealé

CHAPITRE 8. LE VOILE TOMBE ET COMMENCE LA DESILLUSION!

Matadi, le 14 février
Très chère Marie-Louise,
Quelles nouvelles, chère amie ?
En ce jour de fête de Saint Valentin, je te souhaite tout le bonheur possible avec Serge-Emmanuel.

Qu'avez-vous prévu pour ce jour ? Me concernant, cavalière solitaire, je n'ai plus le temps de penser à ce genre de fêtes, surtout que mon moral n'est pas du tout au zénith.

En effet, je commence à croire que ce divorce n'a fait que m'apporter des problèmes. Je n'ai plus d'amis tout autour de moi, et de plus en plus, je vis seule. Il faudra y ajouter l'image de la dernière audience du verdict qui ne cesse de me revenir dans ma tête.

Tu sais qu'à la fin de celle-ci, c'est tout le monde qui se dirigeait vers Guy-Patrick accompagné des enfants ? Ils étaient donc entourés de la quasi-totalité de l'assistance qui les encourageait et les réconfortait en leur promettant le soutien nécessaire.

Par contre de mon côté, à part mes parents qui avaient aussitôt quitté le tribunal dès le verdict fut prononcé, j'étais restée avec Maître Martens Devos, mon avocat. De loin, je voyais les regards méprisants et dédaigneux en mon endroit, mais je les esquivais. Même celles que je croyais être de mon côté, entre autres les GD, ne sont même pas venues assister à l'audience bien qu'elles en aient été informées une semaine à l'avance. Je les avais même rappelées la veille et elles m'avaient rassuré qu'elles seraient là pour me soutenir. Mais hélas ! J'étais seule et complètement abandonnée. C'est ce qui fait que je ne pouvais plus trainer sur le lieu infecté de toutes ces personnes qui me haïssaient et me dénigraient.

Chère Marilou, tu sais que je suis en train de réfléchir de plus en plus sur ma vie ? Même les appels téléphoniques de demande de charité de la part des uns et des autres, je ne les reçois plus. Et pourtant, ce n'est pas l'argent qui me manque. Je ne sais pas si toutes ces personnes ont reçu des consignes de plus m'approcher et solliciter mon aide financière. Est-ce qu'on ne leur a pas dit que j'avais de l'argent sale ou occulte ? Je me demande encore ce qui se passe, mais l'évidence est là : plus personne en quête de mon soutien financier.

Comme je te l'ai dit, je ne vois plus mes amies, les GD, et à chaque fois que j'appelle l'une d'elles, soit elle est occupée, soit elle ne répond même pas à mes appels. Curieusement, les collègues mariées ne m'approchent plus.

Je le sens parce qu'après les réunions de service, dans les moments de divers, elles s'empressent pour repartir chacune dans son bureau. Je ne pense pas que cela soit dû au fait que je sois la deuxième personnalité de l'entreprise. Beaucoup d'entre elles me connaissaient depuis de lustres. Avaient-elles reçu des instructions de la part de leurs maris ?

Des fois, j'apprenais par des personnes interposées que les collègues s'étaient retrouvées tel jour à l'occasion d'une manifestation comme le mariage d'une enfant d'une collègue, sans que j'en sois informée. Cela commençait à me faire beaucoup réfléchir.

Une fois à l'occasion de mon anniversaire, j'ai tenté de réunir amies et collègues, mais c'était un fiasco, car sur les quinze qui étaient invitées, seules cinq avaient répondu. Et à l'inverse, de moins en moins je recevais des invitations d'amitié et de sorties avec les amis.

Ce qui est aussi inquiétant et angoissant, j'ai remarqué que seuls les hommes commençaient plus à s'approcher de moi. Que ça soit au travail ou ailleurs. Ce sont plus les hommes qui s'intéressaient à moi. Peut-être qu'ils voyaient des écrits sur mon front disant « femme libre, venez ! »

En tant que femme, je sais voir quand un homme vient avec des intentions peu catholiques. À travers les regards, les mots, la disponibilité… pour ne citer que cela, on sait voir l'intention de l'autre.

Après mon divorce d'avec Guy-Patrick, j'évitais aussi de m'engager directement. Mais je me disais des fois, au fond de moi, que si un homme droit dans ses bottes et bienveillant se présentait, je pourrais quand même céder, mais malheureusement, ces hommes correspondant à mon profil ne venaient pas.

Ce qui m'énervait et me mettait hors de moi, c'est que même les petits messieurs et moins qualifiés venaient tenter leur chance. Apparemment, les hommes de la ville, malgré mon rang social, n'avaient plus peur de moi.

Tout cela commençait à peser sur moi et sur ma santé : les amies qui me fuient, me cachent des choses, m'évitent de plus en plus ; des hommes mêmes en dessous de mon rang social qui se permettent de me draguer, etc. Je commençais à maigrir, manquant fréquemment d'appétit.

Au-delà de cela, je commençais de manière fréquente à ressentir des brulures au niveau de thorax pendant des repas ou même après et de chaleurs au niveau des pieds. Ainsi, je décidai de consulter le médecin de l'entreprise qui, après des examens médicaux et analyses complémentaires, décèlera que j'avais de la gastrite.

C'était la première fois de ma vie que je souffre de cette maladie, et je serai soumise à un traitement d'attaque pendant un long moment avec des pansements gastriques, des inhibiteurs de la pompe à protons, etc. Le médecin me conseillera alors entre autres de supprimer les facteurs agressifs comme le tabac et l'alcool.

Je luttais seule avec ma maladie sans le soutien et la compassion de personne. De temps en temps, seul Maître Martens Devos passait me rendre visite.

Une année après, ma vie était celle qu'elle était devenue : sans amies, avec une santé fragile. Seul mon travail était devenu, pour ainsi dire, mon inséparable ami.

Mais un soir comme mon Avocat venait souvent et on discutait de tout et de rien, me racontant ses procès, je finis par céder et tomber amoureuse de lui. Au fond de moi, je me demandais si cette histoire irait loin. C'était un sujet belge et un divorcé comme moi ; il avait un enfant qui avait à peu près mon âge. Comme Matadi était une petite ville, tout le monde en parlait.

Martens Devos vivait chez lui et moi dans mon appartement. Jusque-là, nous n'avions pas encore décidé de vivre ensemble. On n'était encore que sur la période d'observation, une période dans laquelle je commençais à faire des comparaisons dans mon cœur par rapport à Guy-Patrick. Un des inconvénients du divorce est qu'il nous transforme en experts, spécialisés pour détecter chez le nouveau partenaire les points forts par-ci et des points faibles par-là ; enfin on essaye en vain d'apporter des mesures correctives.

On avait des cultures totalement différentes. Les notions que nous avions sur la famille étaient diamétralement opposées. Pour lui, c'était moi, juste moi ; le reste de personnes qui m'entouraient, il n'en avait rien à faire. Ce qui fait que notre union apparaissait comme un lieu par excellence, ou mieux, un carrefour où les cultures s'affrontaient jour et nuit. Il fallait constamment fournir des efforts pour connaître et appréhender la culture ainsi que les coutumes de son conjoint. D'où des concessions énormes étaient à faire, car les conceptions étaient différentes sur bien de points tels que : la cuisine, la tenue vestimentaire, car il voulait que je change de look et même de coiffure, la musique et la religion qui d'ailleurs ne lui disaient absolument rien, même si moi-même je n'étais plus aussi pratiquante. Concernant sa vision de mariage, il ne voulait plus d'enfants… Bref, il y avait autant de points de divergence qu'il faudrait ramener à la convergence, avec des abnégations, afin d'avoir une harmonie conjugale.

C'était là, la réalité d'un mariage mixte qui est une union de deux individus de tempéraments, d'identités et d'environnements socioculturels distincts.

Huit mois après alors que je revenais de l'Hôpital pour mes contrôles semestriels de santé, le médecin m'annoncera que j'étais enceinte de trois semaines. Moi qui étais partie pour un autre dossier, je revenais avec une autre nouvelle qui je pensais, allait réjouir Martens Devos, même si, par moment, il avait horreur des enfants. En sortant de l'hôpital, mon seul souci était de le localiser pour lui annoncer la bonne nouvelle, d'où mon coup de fil :

— Allô Bébé ! Où es-tu ?

— Je suis à l'audience, je te relance après (avec une voix basse).

J'étais tellement impatience de lui annoncer la nouvelle que je n'arrêtais pas de l'appeler, même s'il ne répondait pas. Au dernier appel, il m'envoya un texto me signifiant qu'il terminait bientôt, et qu'il comptait me rejoindre à l'appartement dès que possible.

Le soir, Martens Devos arriva enfin à la maison. Sa première réaction était de demander ce qu'il n'allait pas. Mes appels à répétition l'avaient mis hors de lui et il appréhendait une nouvelle qui le mettrait dans une situation inconfortable.

À l'annonce de la nouvelle, après lui avoir servi à manger et à boire, il n'était pas ravi du tout ; ce qui me bouleversa et me contraria. Pour lui, c'était la mauvaise nouvelle de l'année, une véritable catastrophe.

— Tu me vois encore avoir un enfant à mon âge ? Je pense pourtant te l'avoir répété à plusieurs reprises, je ne voulais pas avoir d'enfants. J'ai déjà un fils unique qui a ton âge, cela me suffit. Tu m'as piégé et tu penses que je vais me réjouir de la nouvelle ?

Je n'oublierai jamais ce moment. En même temps, l'image de Guy-Patrick, celle de mes enfants et des audiences à répétition défilaient dans ma tête. Tout cela m'énerva et me poussa, moi aussi, à réagir énergiquement.

— Pour qui me prends-tu, Martens ? Je refuse ce type de relation. Je ne me gaverai pas de pilules à vie. Si tu ne veux pas reconnaître cet enfant, va t'en et ne compte pas sur moi pour avorter !

Son visage, comme le mien, était tout nettement putréfié, après ce violent échange de paroles. Il sortit de la maison, je ne le revis plus depuis.

Entre temps, les jours passaient et la grossesse se développait. Je commençais à suivre mes consultations prénatales dans un centre hospitalier autre que celui de mon entreprise. Je tenais à la discrétion, mais malgré cela, la nouvelle se rependait de plus en plus à travers la ville et ailleurs.

La grossesse me fatiguait et aussi, attendre un bébé après trente-cinq ans, cela constituait des grossesses à risque.

Deux mois avant l'accouchement, alors que j'étais au bureau, car j'avais décidé de continuer à travailler jusqu'au jour de l'accouchement, je recevrai une invitation du Président du Conseil d'administration et du Comité d'audit de l'entreprise. La réunion était prévue le jour suivant dans les après-midi.

Le jour de la réunion, je me présentai et la réunion commença. D'entrée, le Président du Conseil d'Administration me présenta un document dont je n'avais aucune souvenance.

Après l'intervention du Président du Comité d'Audit, je me suis rendu compte que j'avais commis une faute lourde et grave.

En effet, pendant que j'assumais l'intérim de mon supérieur, j'avais autorisé une opération interdite par le Conseil d'Administration, et cela avait valu de plus de trente trois millions de Francs congolais. Et la sanction sera terrible. J'étais licenciée sans préavis et sous réserve de poursuites judiciaires.

Sur le champ, j'ai senti l'enfant bouger, j'ai transpiré comme s'il m'avait été jeté un seau d'eau et le liquide amniotique se mit soudain à couler entre mes deux jambes.

Vite, on me conduira à l'Hôpital général de référence de Kinkanda où j'accoucherai d'un beau métis sous une tension artérielle qui était trop élevée. L'enfant était gardé dans la couveuse jusqu'à ce qu'il atteigne le poids idéal, comme on fait à tous les bébés prématurés. J'ai été aussi retenue à l'hôpital pendant plus d'un mois, car ma santé était préoccupante.

Ayant appris la nouvelle de la perte de mon emploi avec toutes les conséquences qui en découleront et la naissance par césarienne d'un enfant prématuré, ma mère n'a pas su se contenir et fera une crise cardiaque qui l'emportera aussi deux jours après l'accouchement de mon fils. Pourtant malgré ces coups durs, l'engrenage ne s'était pas arrêté, car mon père à son tour, n'ayant pas pu supporter le décès de sa femme et ma révocation, fera un accident cardiovasculaire un mois après.

Chère Marilou, j'ai passé des moments durs et par moments, après beaucoup de larmes versées et des questionnements, je me demandais ce qui m'arrivait. En un rien de temps je venais de perdre tour à tour : Martens Devos, mon emploi, ma mère et presque mon père qui était dans un état vraiment morbide.

Franchement, le malheur ne vient jamais seul ; car comme si cela ne suffisait pas, toujours dans la même période, mon chauffeur au volant de ma Jeep percutera un grand camion transportant du sable qui était en stationnement sur la voie publique. Bilan : ma voiture déclassée et lui-même le chauffeur qui conduisait avec ivresse et excès de vitesse en était sorti avec des dommages corporels très importants.

Voilà le lot de malheurs qui s'étaient enchaînés dans ma vie.

Chère amie, que Ton Dieu me soutienne. J'ai continuellement besoin de ton appui et de ton assistance, car à chaque fois tu me réponds par des termes qui m'apaisent et me rassurent.

Te lire me fera encore du bien en ce moment difficile où, plus que jamais, j'ai vraiment besoin de tes prières et tes bonnes paroles.

Bien cordialement.

Bernadette Eyenga

LETTRE 15. DE MARIE-LOUISE

Mantes-la-Jolie, le 26 mars

Ma bien-aimée Bernadette,

Que l'Éternel Dieu que je sers t'accorde la Paix que le monde ne saura jamais te donner, car il est Jéhovah-Shalom !

C'est avec un cœur serré et très triste que j'ai lu ta lettre. Et c'est en des moments pareils que nous avons plus que jamais besoin de la Main de Dieu dans notre vie, car il est écrit dans la Parole de Dieu que « Nous savons, du reste, que toutes choses concourent au bien de ceux qui aiment Dieu, de ceux qui sont appelés selon son dessein. » Romains. 8, 28. C'est-à-dire que tout ce que Dieu fait dans notre vie est bon et c'est pour notre bien. Il ne faut pas en faire un drame, Dieu t'aime et a ton nom gravé dans la paume de sa Main. Tout ce qui nous arrive dans la vie est permis par Dieu le Créateur de toutes choses. Par conséquent, tu dois apprendre à Le remercier pour toutes choses, bonnes ou mauvaises.

D'autres parts, j'estime qu'il est temps de briser la solitude qui te rend vulnérable pour chercher la communion fraternelle avec ceux qui croient en Dieu. Cela te fera du bien. Cherche dès aujourd'hui la présence de Dieu, une présence qui peut à elle seule te donner la joie, conformément à ce qui est écrit : « Il y a d'abondantes joies devant ta face » Psaumes 16,11.

Ce ne sont pas les hommes qui pourront nous rendre heureux, mais seulement la présence de Dieu dans notre vie qui produira en nous la joie que le monde ne peut nous donner. Il est temps, plus que jamais, d'accepter Jésus-Christ comme ton Seigneur et ton Sauveur ; ainsi, tu deviendras une chrétienne, une enfant de Dieu née de nouveau.

C'est un avantage et un privilège pour toi de faire ce pas. Certes, c'est difficile pour toi, car jusque-là et pour l'instant, tu ne vois aucun avantage à être chrétien, mais je te rassure que c'est une vie pleine de privilèges. Laisse-toi donc faire et abandonne ta vie à Jésus-Christ ! Si tu t'abandonnes entièrement à Lui, il deviendra ton ami de tous les jours et comme il est écrit dans sa Parole, « Il ne t'abandonnera et ne délaissera pas ».

Chaque fois, quand tu auras un problème ou un souci, tu L'appelleras et Il agira pour sa plus grande gloire. Avec une prière individuelle soutenue et quotidienne, cela te permettra de cultiver une relation personnelle avec l'Éternel Dieu des Armées. Par la puissance du Saint-Esprit qui habitera en toi, tu ne seras plus la même. Il te guidera dans tout ce que tu entreprendras et ton chemin sera jalonné de succès et de gloire.

Il est écrit : « Car je connais les projets que j'ai pour formés sur vous, dit l'Éternel, projets de paix et non de malheur, afin de vous donner un avenir et de l'espérance. » Jérémie 29, 11.

Avec Dieu, nous sommes appelés à vivre des merveilles avec un cœur joyeux. Même si les problèmes viendront, mais Dieu nous rassure d'un avenir meilleur.

Je t'exhorte à chercher une Église locale à Matadi où tu pourras de temps en temps aller écouter la Parole de Dieu. Cela te fera du bien. À travers une Église locale, tu pourras bénéficier de l'entraide, du soutien fraternel et de la solidarité qui sont des réponses à bien de tes préoccupations. La vie de l'Église nous aide à jouir d'une vie quotidienne harmonieuse et à nous guérir de la solitude.

Quant à Serge-Emmanuel et moi, nous continuons à implorer la faveur de Dieu dans ta vie afin qu'Il se révèle davantage.

Ne pense plus à ce qui est passé, il est temps de tourner la page et commencer une nouvelle vie avec Jésus-Christ.

Tu verras comment Dieu est bon !

Bon courage et tiens bon, on est avec toi.

Fraternellement vôtre.

Marie-Louise Mosealé

CHAPITRE 9. LES CONSEQUENCES S'EN SUIVENT

LETTRE 16. DE BERNADETTE

Matadi, le 1er avril

Chère Marie-Louise,

Je te remercie pour ta dernière lettre qui m'a fait du bien.

Concernant ma santé, je continue de suivre les prescriptions médicales avec un régime suivi à la lettre.

Avec tout ce qui s'était passé, la vie était devenue différente. J'avais perdu beaucoup de poids ; je n'osais même plus me peser sur une balance, car dernièrement, j'avais noté que j'avais perdu 31 kilos. C'était énorme et morphologiquement, j'avais tellement fondu que j'étais obligée de changer complètement ma garde-robe.

Chère sœur, je continuais à subir les chocs de tous les évènements et cela se répercutait sur mon état de santé. J'avais recouru à une cousine, lui demandant de venir habiter avec moi ; la solitude devenant abrutissante pour moi. J'avais besoin de temps en temps de parler avec quelqu'un et cette cousine était devenue celle qui m'aidait dans bien des choses. C'est elle qui s'occupait spécialement de mon fils, David Devos.

Depuis que j'avais perdu mon emploi, j'étais tout le temps à la maison afin de pouvoir me reconstituer et de jouir pleinement de cette période de convalescence. J'en profitais également, pour suivre de près le traitement qui était administré à mon père en vérifiant l'évolution, car son état était de plus en plus inquiétant. Je ne savais pas si j'allais tenir, car il fallait payer le loyer de l'appartement luxueux que j'occupais qui commençait à me coûter les yeux de la tête. Entre temps, mon locataire de Kinshasa payait difficilement son loyer, et je ne savais pas aussi si je devais résilier le contrat de bail, car j'en avais marre. Le montant du loyer que je percevais de ma maison de Matadi ne représentait pas vraiment grand-chose.

Avec ma révocation, je n'avais bénéficié d'aucune indemnité, car j'avais aussi un prêt important et j'avais préféré le rembourser une fois pour toutes.

En faisant la contraction, il ne m'était pratiquement rien resté. Je vivais le chômage comme une rude épreuve et seul Dieu pouvait me soutenir. J'avais déjà un train de vie et j'avais du mal à m'adapter à ce brusque changement de standing. Et je comprenais avec le temps ce que représentait le chômage pour un responsable de famille.

J'étais détruite à petit feu par un sentiment de perte de valeur au niveau de la société, de manque de considération, de vide et d'inutilité qui me stressaient pompeusement. Le fait de réaliser que j'étais à la maison et au chômage me privait et d'appétit et de sommeil, avec des effets sur ma santé mentale et corporelle. Avec ma perte de poids, je n'osais plus mettre le nez dehors, surtout pas en ville.

Quelques mois s'écoulèrent et le médecin traitant de mon père m'appela. Il fallait à tout prix chercher une solution pour l'évacuer à l'extérieur du pays pour une meilleure prise en charge. J'étais obligée d'appeler une agence de Kinshasa qui s'occupait du transfert des malades pour l'Inde. Et le transfert bancaire effectué, mon père voyagea avec un de mes oncles.

Arrivés en Inde, plus précisément à Gurgaon, la situation va se compliquer et pour sauver mon père, il faillait des interventions chirurgicales couteuses. Je serais alors contrainte de vendre ma maison de Kinshasa pour couvrir les charges. Malheureusement, les choses ne marcheront pas et mon père succombera en Inde. Et toutes ces démarches de rapatriement vont me coûter beaucoup d'argent au risque de m'appauvrir, mais je n'avais pas d'autre choix.

Au moment où je t'écris, je n'ai pratiquement plus rien. Avec le chômage, la pauvreté commençait à m'envahir et me toucher ; toutes mes réserves étaient déjà au rouge. De temps en temps, je pleurais seule dans ma chambre et me demandais ce qui m'arrivait.

Martens Devos avait disparu dans la nature. Même à Matadi, il n'y était plus. Je devais élever seule mon fils David Devos avec mes moyens de bord.

Un bon matin, pendant que je prenais mon déjeuner, j'ai vu une ancienne amie GD, c'était Antoinette. Elle revenait de Kinshasa. J'étais à la fois heureuse et malheureuse de la recevoir. Heureuse parce que ça faisait un long moment qu'on ne s'est plus revu, et malheureuse, car les informations qu'elle m'avait divulguées m'avaient bouleversée et choquée.

En effet, elle me raconta qu'elle revenait de Kinshasa où elle avait rencontré Guy-Patrick. Selon ses dires, ce dernier qui était devenu un chrétien pratiquant avait fini par trouver un travail où il assumait les fonctions de Directeur général dans une Banque de Crédit Agricole. Dieu avait aussi fait grâce que Magloire Bobo, la maman de Charles Bundu, était guérie miraculeusement de ce cancer qui avait failli la terrasser. Et, cerise sur le gâteau, ce qu'ils s'étaient mariés et habitaient le quartier Mont Fleury, un quartier huppé de la ville de Kinshasa situé dans la commune de Ngaliema. Magloire Bobo était devenue Madame Magloire Bundu Bobo. Il paraît que tout le monde était déjà au courant. J'étais donc la dernière à en être informée, par l'entremise de mon amie Antoinette.

Elle m'informa aussi que Magloire Bobo, devenue Madame Bundu, était la fondatrice et présidente du Groupe Industriel « Bo-Telecom » qui est un des grands fournisseurs d'accès à Internet et réseaux mobiles en Afrique australe. Après plusieurs années à Kampala en Ouganda, finalement, elle était rentrée à Kinshasa pour vivre avec Guy-Patrick. Il paraît que son fils Charles Bundu, qui est un des administrateurs, travaille maintenant avec mes jumelles qui sont ses assistantes et les trois sont devenus inséparables, comme dans une vraie famille unie.

Chère Marie-Louise, après le départ d'Antoinette qui m'avait balancé ces nouvelles à la figure, sans se priver d'y ajouter des commentaires (une vraie torture morale pour moi), mon intérieur se mit à bouillonner, ce qui déclencha en moi une tension artérielle élevée.

Ma cousine était obligée d'appeler mon médecin. Il est rapidement venu à mon chevet et m'a prescrit des antidépresseurs.

À partir de ce jour-là, je suis sous antidépresseurs et je ne fais qu'accumuler les complications de santé. Le choc émotionnel était tellement grand que j'avais fait de l'hypertension étant donné que la valeur de la pression artérielle était bien supérieure à 140/90 mm Hg et n'évoluait pas vraiment. J'étais copieusement accablée et ne mangeais plus rien.

Pendant ce temps, j'accumulais des arriérés de loyers et mon bailleur me mettait de la pression. Il me déclarait ouvertement que je devais carrément libérer sa maison, vu que je n'avais pas l'air d'être en mesure d'honorer mes engagements. Je n'en revenais pas que toutes ces choses m'arrivent à moi, et cette suite d'évènements tragiques m'affolait de plus en plus.

C'est dur de tourner la page et d'oublier Guy-Patrick. Je croyais l'avoir oublié, mais je réalise aujourd'hui encore plus que jamais que je l'aime en dépit de tout ce que je lui avais infligé. Je me plains de l'avoir lâché et de lui avoir causé du tort. J'en souffre aujourd'hui avec tout ce qui m'est arrivé et je manque de mots pour exprimer ma peine.

Que Dieu puisse me donner une opportunité pour non seulement lui demander de bien vouloir me pardonner pour l'humiliation dont il a été l'objet durant tout notre mariage, mais aussi et surtout pour lui dire tout ce que je ressens dans mon for intérieur, car j'ai gâché ma vie par manque de connaissance, égoïsme et orgueil.

Je ne sais plus quoi faire, car j'ai perdu tous ceux qui m'étaient chers, pendant qu'en ce temps-là, je ne le réalisais même pas. J'ai perdu : mon mari, la garde de mes enfants, le père de mon dernier fils et mes biens. En plus, apprendre que

Guy-Patrick vit avec sa nouvelle femme, c'est comme si mes yeux se sont ouverts, mais bien tard. J'aurais bien voulu renouer les liens avec Guy-Patrick, mais c'est compliqué !

Est-ce que son entourage pourra m'accepter ? Est-ce que mes enfants reviendront-ils aux bons sentiments pour me pardonner pour tout ce que je leur ai fait ? Est-ce que Charles que j'ai insulté et dénigré à plusieurs reprises va lui aussi m'accepter et me pardonner ? Est-ce que sa nouvelle femme que j'ai diabolisée me permettra d'approcher son mari ? Est-ce que finalement Guy-Patrick lui-même acceptera-t-il mes excuses pour l'avoir aussi maltraité ? Voilà autant de questions qui me chiffonnent et me dérangent, mais le comble, c'est que je n'y aie aucune réponse. Je ne sais plus quoi faire, car ma vie est brisée.

Depuis un certain temps, ma cousine et moi allons prier dans une église pentecôtiste de mon quartier. Et finalement, je viens d'accepter Jésus-Christ comme mon Seigneur et Sauveur personnel. Bientôt, mes cours d'affermissements au bout desquels je recevrai le baptême débuteront. Que Ton Dieu m'aide et redonne un sens à ma vie.

Tu as toujours été une force tranquille qui m'a toujours soutenu et apaisé dans mes moments de tourments. Tu as toujours été une personne calme, sereine et forte, généralement prête à m'apaiser pendant les moments difficiles, afin que je puisse relever ma tête. Et je te dis merci pour tout ce qui tu as été et continue à être pour moi depuis nos retrouvailles. Tu m'as vraiment été d'un grand réconfort. Merci !

J'allais oublier ! Tu as les salutations de Paul Kamba, notre voisin de Matadi qui te connaît très bien, et je sais que tu te souviendras encore de lui. Il est devenu un grand opérateur économique et fait du commerce à Lufu, dans l'actuelle province du Kongo Central, qui est un marché ravitaillant la ville de Kinshasa et d'autres villes périphériques en plusieurs denrées de première nécessité.

Amicalement

Bernadette Eyenga

LETTRE 17. DE MARIE-LOUISE

Argenteuil, le 1ᵉʳ mai

Bien-aimée Bernadette,

Que Dieu Tout-Puissant t'accorde réconfort et paix lorsque tu liras ma lettre depuis Argenteuil où je suis avec toute la famille pour les vacances de Pâques.

Pour ton information, Argenteuil est une commune de la France située dans le département du Val d'Oise en région d'Ile-de-France située sur les rives de la Seine au nord-ouest de Paris. Nous sommes ici pour deux semaines et bientôt les vacances seront finies.

Comme je l'ai dit la fois passée, Dieu ne t'a pas abandonnée et il est avec toi en dépit de tout. Je bénis Dieu du fait que tu as finalement accepté Jésus-Christ comme Seigneur et Sauveur personnel. Tu as choisi la bonne part, et je t'encourage dans cette voie tout en te disant qu'il y a encore de l'espérance pour toi. Seul Dieu est capable de changer l'histoire de ta vie dès à présent. Il faudrait maintenant foncer et ne plus baisser les bras. Le message que je te communique aujourd'hui est un message d'espérance. N'oublie pas que la vie sur terre est faite de hauts et de bas. Mais avec Dieu, nous faisons des exploits. Et avec Dieu, il y a toujours une voie de sortie.

Jésus-Christ nous dit : « Je suis le chemin, la vérité, et la vie » (Jean 14. 6). Le Dieu que tu as accepté de suivre maintenant te prendra en charge, essuiera tes larmes et te restaurera. Ne te fatigue pas de lire la Bible régulièrement comme c'est écrit dans le livre de Josué au premier chapitre, verset huitième : « Que ce livre de la loi ne s'éloigne point de ta bouche. Médite-le jour et nuit, pour agir fidèlement selon tout ce qui y est écrit ; car c'est alors que tu auras du succès dans tes entreprises, c'est alors que tu réussiras ».

En lisant la Parole de Dieu, tu découvriras davantage non seulement le plan merveilleux qu'Il a pour toi, mais aussi le message d'espérance qui est une vérité certaine et authentique.

Par cette lettre, je ne voudrais pas que tu puisses continuer à te plaindre éternellement, mais que tu te remettes debout afin de reprendre ta vie en main. Tu as étudié, tu as un bon diplôme et la compétence pour aller de l'avant. Le fait que tous ces évènements ne t'aient pas tuée traduit un point important : Dieu veut maintenant faire une chose nouvelle avec toi. Je crois en toi, et sache que tu es une dame de fer. Tu te relèveras et feras encore parler de toi ; mais cette fois-ci, en bien et pour la gloire de Dieu.

Pour contribuer à ta nouvelle vie, je te demanderais de me communiquer ton numéro de compte bancaire. Prends soin de bien noter le nom de ta banque, le numéro du compte et le code Swift. Serge-Emmanuel et moi avons pensé à te soutenir par un montant qui te permettra de te relancer.

C'est notre façon à nous de te prêter main-forte et nous aimerions que tu comprennes que non seulement nous croyons en toi, nous comptons aussi sur toi, chère sœur. Et au-delà de tout, nous t'aimons beaucoup et te portons dans nos cœurs.

Que l'Éternel Dieu, le Seul et Vrai rémunérateur de tous ceux que Le cherchent, te bénisse abondamment et même au débordement !

Ton amie sur qui tu peux toujours compter.

Bises fraternelles.

Marie-Louise Mosealé

CHAPITRE 10.   SI JE SAVAIS, JE N'AURAIS PAS DIVORCÉ...

Matadi, le 22 juin

À ma bien-aimée Marie-Louise,

Que l'Éternel Dieu que je sers maintenant avec ferveur et humilité de cœur te bénisse abondamment. Qu'Il se souvienne aussi de toi ainsi que de toute ta famille pour tout ce que vous avez été pour moi !

Merci pour tout !

Par la présente, je voudrais te dire et à toutes celles ou à tous ceux de cette génération et de la génération future ce que j'ai retenu de ma vie de femme mariée, puis de femme divorcée :

Ma tendre amie,

Si je savais...

Que le bonheur de la vie ne dépend que de ce que tu auras fait comme choix,

Que ce ne sont ni les diplômes universitaires ni les comptes bancaires qui font le bonheur au sein d'un couple,

Que certains amis que nous pensons être les bons nous envient,

qu'ils finissent par nous détruire et notre vie conjugale, fruit de la grâce de Dieu,

Que les mauvaises compagnies corrompent les bonnes mœurs,

Qu'une pomme gâtée en gâte cent autres, comme le disent les Hongrois

Que l'arrogance conduit à la ruine et à l'autodestruction,

Que l'ignorance conduit à la perte et à la mort à tout point de vue,

Que le travail pouvait me faire tourner la tête et me désorienter au point de devenir le centre de ma vie au lieu de prioriser mon foyer,

Que l'argent et le travail à eux seuls ne peuvent faire le bonheur de sa personne,

qu'ils ne peuvent en aucun cas remplacer Dieu, le pourvoyeur de toutes choses

Je n'allais pas divorcer !

Chère Marie-Louise, mon amie de mon enfance

Si je savais…

Que la facilité du divorce aurait fait plus de blessures qu'elle n'en aurait guéries, comme l'a dit Lucien Arréat

Que le divorce était une horrible souffrance de l'âme et de la chair, suivant une citation de Marcel Aymé

Que dans le divorce, il y avait toujours un qui serait soulagé et l'autre brisé,

Que ce n'est pas un honneur pour la femme, tel que le disait Euripide

Je n'allais pas divorcer !

Ma sœur Marie-Louise,

Si je savais…

Que le divorce en justice ne produit qu'un semblant de bonheur à la partie gagnante,

qu'au sortir d'un procès que l'on remportait, que l'on devenait sensé et lucide,

Que ceux qui y perdent s'arrogent un cœur brisé rempli de mélancolie et d'amertume,

Que le verdict final prononcé lors d'un procès annonçait une nouveauté de vie avec des illusions que l'on prend pour des promesses certaines,

Que ce même verdict final clôturait un chapitre d'une vie et en ouvrait un autre avec d'autres ambitions, mais difficile à gérer,

qu'enfin ce même verdict final annulait et abrogeait toutes les promesses et tous les engagements de mariage faits devant l'officier de l'État civil, les familles, les amis, les connaissances et Dieu

Je n'allais pas divorcer !

Enfin, chère sœur Marie-Louise, amie de longue date

Si je savais…

Que c'était Dieu, l'Initiateur et le Créateur du mariage,

Qu'il fallait, à tout moment, recourir à Lui pour tout problème lié à son œuvre,

Que seul Dieu rendait les conjoints heureux au travers de Sa Présence au sein d'un couple,

Que Dieu était capable de confondre la sagesse humaine,

Que Dieu était à même d'enrichir quelqu'un en une seconde et de l'appauvrir dans la seconde qui suivait,

Que Dieu qui donnait pouvait aussi retirer ce qu'il avait donné gracieusement,

Que Dieu était capable d'élever un simple enseignant au rang de Directeur général,

Que Dieu était capable de guérir une personne atteinte d'une maladie incurable,

Que Dieu pouvait redonner la joie et l'espérance à un enfant qui ne connaissait pas son géniteur,

Que Dieu était à même de faire passer une personne de l'humiliation à la gloire, de la pauvreté à la richesse,

Que Dieu pouvait changer le statut d'un locataire en propriétaire,

Que Seul l'Éternel Dieu pouvait essuyer les larmes de ses enfants,

Je n'allais pas divorcer !

Ma Bien-aimée Marie-Louise,

Dis-le aux générations actuelles et futures afin qu'elles ne vivent pas ce que moi, ta sœur, présentement, dans le Seigneur Jésus-Christ, j'ai vécu !

Ta sœur et amie dans le Seigneur Jésus-Christ !

Bernadette Eyenga

EPILOGUE

En lisant toutes ces lettres, nous avons l'impression que c'est à cause d'une histoire bien banale que tout a commencé ; et à cela, s'est ajouté une autre, qui a conduit à la rupture ou mieux au divorce du couple dont il est question dans ce livre.

En effet, souvent, c'est pour des intérêts personnels, cupides, mercantilistes, voire des choses souvent minimes, que l'harmonie de couple se détruit, conduisant ainsi au divorce.

Bien des fois, un couple merveilleux avec des enfants adorables arrive à gâcher tout ce qu'il a construit avec peine, amour, sacrifice et grâce. C'est bien dommage ! Cela arrive suite à des problèmes qui auraient pu être bien gérés et une solution aurait pu être apportée avec un minimum de bon sens et d'humilité. Seulement, parfois, les intérêts malveillants cachés, les désirs éphémères et les mauvaises fréquentations du couple prennent le dessus.

Nullement, dans ce livre, il n'est question de condamner ceux qui divorcent ; mais celui-c- est une interpellation dans le sens de voir ce qui peut être sauvé pour le bien et l'équilibre de tous, surtout pour les enfants qui sont constamment des victimes, car oubliés par les parents à cause de leur égoïsme.

Détrompez-vous, le divorce ne fait pas toujours des heureux ; au contraire, il produit des êtres, dans la plupart de cas, pleins de remords et de regrets, des fois, insurmontables si on n'est pas attaché à Dieu. Il oblige toutes les parties à vivre une vie dont elles ne voulaient pas, en piochant quelques instants de bonheur passé et en remémorant bien souvent les merveilles ou les cauchemars passés. Ce qui, des fois, détruit l'homme à petit feu.

Pour rappel, le mariage est la première institution de Dieu, et à ce titre, les engagements liés à celle-ci ne doivent pas être pris à la légère. Il faudrait être conséquent, car les effets en cas de rupture sont multiformes : sociales, psychiques, mentales, spirituelles, économiques, etc.

Il est naturel que des problèmes très difficiles surviennent parfois dans la vie conjugale ; mais il est important, voire impérieux de faire de votre mieux, si cela ne dépend que de vous, pour trouver une solution, par la grâce de Dieu, afin de ne pas arriver au pire.

Si c'est possible, au cas où aucune solution ne semble être trouvée et que les violons ne s'accordent toujours pas, cherchez de l'aide tout autour de vous. Il y a toujours des gens plus expérimentés, remplis de sagesse et de l'Esprit-Saint, qui pourront vous aider à éviter la catastrophe qui menace votre couple. Ces personnes sont des anges à notre service pour notre bonheur. Mais il faudrait être attentif et avisé pour le comprendre.

Que chacun des conjoints puisse connaître son rôle et sa part dans le mariage ; cela évitera bien des dégâts.

Que Dieu nous aide tous, car aucune personne mariée ou remariée n'est épargnée tant qu'on est encore sur cette terre des hommes !

L'AUTEUR

Né en 1970 à Matadi dans le Kongo Central en République démocratique du Congo, Honoré LOANGO BOELUA BAENDAFE, écrivain et romancier congolais, a eu l'occasion de fréquenter le Collège Boboto, le Collège Bonsomi, ainsi que l'Université Libre de Kinshasa où il a décroché avec mention « Distinction » une Licence en Sciences économiques, option Gestion financière.

En dehors de sa fonction de Diacre et Responsable du Département des Couples & Familles au sein de son église locale de la 37ᵉ Communauté des Assemblées de Dieu de la République démocratique du Congo, il a occupé des postes administratifs, financiers, d'audit et de direction, à travers les banques de son pays et dans d'autres structures.

Il est également à la tête de Borassus Consulting Group, une institution d'audit et d'expertise comptable dont il est l'initiateur.

Il a toujours été passionné non seulement par la littérature, mais aussi par l'encadrement des couples et familles.

Contact :

honoreloango@yahoo.fr

Tél. +243 99 99 39 791
        +243 81 99 39 791

TABLE DES MATIERES

www.ingramcontent.com/pod-product-compliance
Lightning Source LLC
Chambersburg PA
CBHW022008050726
47499CB00003BA/784